燧人氏
—— SUI REN SHI ——

为你钻取
智慧之火
Get the fire of wisdom for you

燧人氏 文
人文智慧译丛

老子与莎士比亚的对话

（美）菲利普·德波伊 著

李崇华 译

SPM
南方出版传媒
广东人民出版社
·广州·

图书在版编目（CIP）数据

老子与莎士比亚的对话／（美）菲利普·德波伊著；李崇华译．—广州：广东人民出版社，2019.4
ISBN 978-7-218-13538-0

Ⅰ．①老…　Ⅱ．①菲…　②李…Ⅲ．①老子—哲学思想—研究　②莎士比亚（Shakespeare, William 1564-1616）—文学研究　Ⅳ．① B223.15　② I561.063

中国版本图书馆 CIP 数据核字（2019）第 083666 号

LAOZI YU SHASHIBIYA DE DUIHUA

老子与莎士比亚的对话

（美）菲利普·德波伊 著　李崇华 译　　　版权所有　翻印必究

出 版 人：肖风华

选题策划：钟永宁　汪　泉
责任编辑：汪　泉
文字编辑：刘飞桐　于承州
装帧设计：八牛工作室
插　　图：小　五
责任技编：周　杰

出版发行：广东人民出版社
地　　址：广州市大沙头四马路10号（邮政编码：510102）
电　　话：（020）85716809（总编室）
传　　真：（020）83780199
网　　址：http://www.gdpph.com
印　　刷：广东信源彩色印务有限公司
开　　本：889毫米×1230毫米　1/32
印　　张：6　字　数：30千
版　　次：2019年8月第1版　2019年8月第1次印刷
定　　价：39.80元

如发现印装质量问题，影响阅读，请与出版社（020-83795749）联系调换。
售书热线：（020）85716849

导　言

　　一百年前，一位西方作家曾经嘲讽中国人的上坟方式，对梁漱溟先生说，你们上坟竟然要献上果实、食物，还有阴间流行的钞票，难道你们祖先能吃能用到那些东西吗？梁漱溟先生反问道，你们的先人能闻到鲜花的味道吗？

　　此类辨析，近百年来不一而足。人类对于思想的争辩和融汇似乎从未停止过，有时候东方否定西方，有时候西方否定东方，但更多的时候，似乎是在相互否定中求得肯定，进而求得进步。而这种进步无不是在对比中取得的。

　　《老子与莎士比亚的对话》这部著作，便是明证。这种对比，从形式上讲有趣；其写作动机本身，更是智慧。

　　老子，姓李名耳，字聃，一字伯阳，或曰谥伯阳，春秋末期人，约于公元前571年出生于周朝春秋时期陈国苦县，中国古代思想家、哲学家、文学家和史学家，道家学派创始人和主要代表人物，与庄子并称老庄。老子存世作品有《道德经》（又称《老子》），是全球文字出版发行量最大的著作之一。威廉·莎士比亚（William Shakespeare，1564年4月23

日-1616年4月23日），英国文学史上最杰出的戏剧家，也是欧洲文艺复兴时期最重要、最伟大的作家之一，当时人文主义文学的集大成者，以及全世界最卓越的文学家之一。其代表作有《罗密欧与朱丽叶》《哈姆雷特》《李尔王》《麦克白》《奥赛罗》《威尼斯商人》等。

将时隔两千多年的两位伟人拉在一起，进行一场思想和灵魂的"对话"，并从"对话"中找到高度契合之处，实属不易，且互补互益，相生相克，妙趣横生。

《道德经》凡八十一章，《老子与莎士比亚的对话》原著作者菲利普·德波伊（Phillip Depoy）完全按照《道德经》的章目进行本书的编写，也写就了81节，可见作家对老子《道德经》的崇敬非一般粉丝可比；尤其体现在对比之后作者的独家点评中。

这场"对话"时有契合，亦有锋芒；不乏争辩，多为补益；视角不同，思想同尘，凡此种种，不一而足。但总体看来，还是两千年后的莎士比亚在为两千年前的老子做无意的注解。不揣谫陋，编者析出各章概貌，虽多有不妥，窃为阅读导入提供方便而已。

第1节写真与虚，第2节写善与恶，第3节写为与不为，第4节写生命之源，第5节写人与物，第6节写根本，第7节写私与无私，第8节写大爱与智慧，第9节写盈与亏，第10节写纯洁与专注，第11节写空与实，第12节写幻与真，第13节写宠与辱，第14节写微与博，第15节写忍与让，第16节写源头与归宿，第17节写忠与信，第18节写伪与真，第19节写知识与智慧，第20节写独立，第21节写梦与真，第22节写争与归，第23节写大音希声，第24节写矜与持，第25节写道法自然，第26节写静与躁，第27节写善与终，第28节写知与守，第29节写强与赢，第30节写自持，第31节写兵与和，第32节写名与实，第33节写智与欺，第34节写小与大，第35节写格局与形式，第36节写弱与强，第37节写静与动，第38节写仁与义，第39节写根本，第40节写有与无，第41节写简与繁，第42节写道源，第43节写柔与坚，第44节写名与止，第45节写求简，第46节写道与祸，第47节写远与近，第48节写益与损，第49节写圣与俗，第50节写生与死，第51节写尊与贵，第52节写塞与开，第53节写道与非道，第54节写修身，第55节写厚德，第56节写藏，第57节写治理，第58节写辩证治理，第59节写治与德，第60节写道与天下，第61节写放弃，第62节写道法自然，第63节写无为而治，第64节写微与成，第65节写道与愚，第66节写善与治，第67节写表象与真理，第68节写善道，第69节写用兵之道，第70节写知与不知，第71节写病与不病，第72节写自见，第73节写偶然天成，第74节写畏与死，第75节写治与为，第76节写强与弱，第77节写张与抑，第78节写柔与刚，第79节写怨与契，第80节写和谐，第81节写知与博。

之所以不以此命节名，一则尊重原著，二则此概貌岂敢涵盖老子与莎翁博大精微之妙意？

另则，为了弥补读者对莎翁经典原文的理解，特此将莎翁原句附在译文之后，以求完整，供愿意体悟英文之精妙者玩味。

同时，提请读者谅解的是，《道德经》很早就已被传入西欧，在欧洲颇受重视，各种语言的不同译本亦数量繁多。在本书中，著作者乃基于英译《道德经》进行；然则《道德经》内容玄奥，外文难以逐字直译，因此作者所参照英译本，多有意译，在翻译过程中，由于语言及文化背景的差异，部分篇章、词句，或与《道德经》原文、原意略有出入。为统一源出，编者在作者、译者引文的基础上，参照中华书局中华经典名著全本全注全译丛书《老子》（2014年版），对书内的《道德经》引文进行校订，力求在不破坏作者原文阐释的前提下，尽可能准确地为读者呈现《道德经》的面貌与老子的思想内涵。而莎士比亚的作品，则引用自朱生豪、梁实秋、王佐良等人的经典译本。

如是导引，必有遗珠之憾，敬请方家赐教。

译者序

本书的作者菲利普·德波伊创作了著名的系列悬疑小说《死之容易》等，他擅长制造悬念，故事情节环环紧扣，紧张刺激。然而本书有别于他此前的其他作品，将老子的《道德经》与莎士比亚众多戏剧作品中的经典台词进行对比，东西方的文化、哲学等在此发生了有趣的碰撞，展现出作者别具一格的思维方式和敏锐的洞察力。

《道德经》开宗明义写道："道可道，非常道；名可名，非常名"，即能说出来的总没有意义，真正有意义的却妙不可言。莎士比亚在经典著作《特洛伊罗斯和克瑞西达》中也提到"空话，空话，只有空话，没有一点真心"，道出耳听为虚的真谛。针对"语言"，他们建立了一种反常识的认知，提出"空"才是世界本源。老子主张"无为"而为，莎士比亚则认为空才是脱离了附庸的真。语言的逻辑充满因果论和矛盾论，在某种程度上离真实越来越远，正如这句话所言："语言的边界就是思维的边界"。东方哲学给人的感觉是雾里看花，水中望月，玄妙之意在于不可言说的意象当中，西方哲学则强调在论证中找寻"存在"的合理性与人本价值，也因而驱动了科学的发展进程。老子对人类社会与历史现实进行了深刻反思，从深层次探讨人当如何生存，打破了传统上由语言和概念所塑造的世界，告诉我们何为真正自由。莎士比亚在西方人眼中是一位心灵摄影者，他欣赏想象力与自然冲动之光芒，通过深刻洞察来剖析心灵的困惑，擅以黑色浪漫主义解读社会现象和本质。

老子和莎士比亚是东西方两个首屈一指的文化名人，他们浸淫于迥异的社会和文化背景，但两人的思想观点在许多方面惊人地相似，也应了那句名言："Great minds think alike"。不过，由于作者创作本书时以英译《道德经》作为参考，而英文翻译无法完全准确地表述《道德经》的思想，因此回译为中文之后，某些章节里老子和莎士比亚的对比读来似有逻辑不够通达之感。翻译的过程中，本人在竭力忠于原文的基础之上，尽可能将作者的核心意图表达出来，未尽之处还请批评指正。

在此特别感谢汪泉先生的悉心指教，为我解答了翻译时遇到的诸多疑惑，使译文更加完善。

李崇华

2019年4月23日

原著引言

莎士比亚和老子拥有许多共同之处。

老子是公元前6世纪中国周朝时候的藏室史。他离开藏书馆，想要隐居于深山之时，一位守城官吏因敬佩于老子的伟大智慧，便设法留住老子，要求他将生平所学悉数记录下来，然后方可出关。这位藏室史暂缓行程，著成《道德经》，自此隐匿不见。

老子的著作《道德经》分为81个简短的章节，书名在英语中有时会被译为《关于道德的书》（The Book of the Way of Virtue，"道"意为"道路"或"小径"，也指"自然之道"或"通往终极真理的道路"；"德"意为"美德"、"品质"、"道义"或"力量"；"经"即"书"。）

到20世纪中期，许多学者开始提出，《道德经》是许多作家历经几百年的时间，利用海量的原始资料写成；对于老子的身份，也有学者依据不同的文献材料，提出了老聃（李耳）、老莱子、太史儋等不同的说法。

至于莎士比亚，有些学者认为，他也没有创作那些著作，或者说他不是那么杰出的英语诗人。有人认为莎士比亚的作品全部抄袭自同时代的作家。莎士比亚故事里的情节的确全部不是由他原创，他的38部作品都是基于之前的文学或戏剧作品的观点、人物甚至对话片段而来的，有些甚至源于上千年前的作品。比如，创作于1600-1601年间的《哈姆雷特》就被认为全部源自托马斯·基德1589年的同名作品，甚至连著名的"生存还是毁灭"也是出自后者的作品。莎士比亚首部戏剧《亨利六世上篇》（创作于1589-1590年）大部分都来自霍尔的《显赫贵族兰开斯特和约克的联合》（创作于1548年）和霍林斯赫德的《编年史》（创作于1587年）。还有人争论称，他的最后一部戏剧《暴风雨》（创作于1611年）收录了乔尔戴恩《发现百慕大》的全部内容，并从奥维德的《变形记》（创作于古罗马时期）中获得了创作灵感。他的每部戏剧作品都从类似的原始资料上借用了不少内容。

其实，这些批评并无关紧要。莎士比亚时代的所有剧作家都是以此种方式创作，但面对同样的资料，一百个剧作家会创作出一百部完全迥异的戏剧。与资料来源相比，戏剧作品的美更加体现在对于语言的运用。然而，仍有学者质疑莎士比亚的才能，甚至于怀疑他是否存在过。有人坚称，莎士比亚的作品是由多个作家创作，以虚构的"莎士比亚"之名发表出来。

《老子与莎士比亚的对话》便是这两位伟大人物的简短对

话，完全按照《道德经》八十一个章节的顺序排列。这些对话的确切目的或含义就像莎士比亚的著名独白那样难以琢磨，就像《道德经》的任何字句一样难于解读。

不过，西方的创造性思维与东方的神秘主义展开对话，总是能够给人以启示。包括约瑟夫·坎贝尔、艾伦·沃茨、D.T.铃木、吉度·克里希那穆提、娥苏拉·勒瑰恩、菲杰弗·卡帕拉在内的无数人们，都致力于缩减东西方思维之间的差距，加强两者的相互理解和启迪。

希望本书中的对话能够对此做出一点小小贡献。

关于拼写

如何拼写两位历史人物的名字，也让验证他们的身份变得更加复杂。许多学者反对这句格言："只有死脑筋才会为每个词只想出一种拼写方法。"（这句话的出处存在异议，有说是出自托马斯·杰斐逊，也有说是安德鲁·杰克逊或马克·吐温）由此导致多个世纪以来，两位历史人物的英文名字拼写深受其害。

老子的译名不一致主要是由于译者多采取音译的办法，也就是以英文字母组成一个读音接近中国词汇"老子"的新词。老子曾被译为Laozi、Lǎozǐ、Lao Tzu、Laotse、Lao Tu、Lao-Tsu、Laotze、Laosi、Laocius，可能还有其他100种译法。我个人更喜欢Lao Tzu这种译法，它是由两个词组成（《道德经》的指导法则就是"阴"和"阳"二者），每个词又是由三个字母组成（《道德经》第四十二章中说"三生万物"）。

　　在莎士比亚这边，名字的拼写之所以会显得复杂，至少有一部分应归咎于他本人。现存已知总共有六个莎士比亚签名，每个的拼写都不尽相同：Willm Shakp、William Shaksper、Wm Shakspe、William Shakspere、Willm Shakspere以及William Shakspeare。所有这些签名都出自法律文本（法庭文件、抵押贷款和遗嘱）。到现在，任何一个签名都没有被普遍使用。关于此事，我特别赞同莎士比亚所说的："名称有什么关系呢？玫瑰不叫玫瑰，依然芳香如故"。

　　因此，名字如何拼写并不重要。

01

老子：

道可道，非常道。

莎士比亚：

空话，空话，只有空话，没有一点真心。

Words, words, mere words, no matter from the heart.

　　——特洛伊罗斯，《特洛伊罗斯和克瑞西达》，第五幕，第三场

波洛涅斯：殿下，您在读些什么呢?

Polonius: What do you read, my lord?

哈姆雷特：都是些空话，空话，空话。

Hamlet: Words, words, words.

　　　　　　——《哈姆雷特》，第二幕，第二场

耳听为虚。

Words are but wind.

　　——德罗米欧，《错误的喜剧》，第三幕，第一场

　　"太阳"一词无法散发热量，能放出光芒的，唯有太阳本身。说出一个词，只能表述它所代表的物品。无论是老子抑或是莎士比亚，都认为语言难以传达那些原本无法用语言表达的内容。老子的作品奠定了东方思想的基础，莎士比亚在他的戏剧中则展现了对西方语言极为出色的运用。

02

老子：

天下……皆知善之为善，斯不善已。

莎士比亚：

邪恶的事物里头，也藏着美好的精华。

There is some soul of goodness in things evil.

——亨利，《亨利五世》，第四幕，第一场

老子：

故有无相生，难易相成，长短相较……前后相随。

莎士比亚：

勇猛与怯懦，智慧与愚蠢，博学与无知，坚韧与柔软，似在伯仲间。

The bold and coward,

The wise and fool, the artist and unread,

The hard and soft, all seem affined [affiliated] and kin.

——《特洛伊罗斯与克瑞西达》，第一幕，第三场

这个世界是由对立面组成的。所有古代有关精神的书籍开篇都是将光明与黑暗、水与陆地、男人与女人区分开来。老子似乎认为对立面是相生相克的：如果某物被认定为正确，那么必有另外某物是错误的。莎士比亚的所有重要角色都同时包含了正义和邪恶的特质：奥赛罗心中充满爱与愤怒；哈姆雷特性格中既有怯懦也不乏勇气；麦克白犯下了谋杀的罪行，但也懂得忏悔。这些特性让他们显得无比真实。

03

老子：

为无为，则无不治。

莎士比亚：

我喜欢你们的静默，因为它更能表示出你们的惊奇。

I like your silence，it the more shows off your wonder.

——宝丽娜，《冬天的故事》，第五幕，第三场

倘若语言无法表达事实，沉默应是最好的选择。

04

老子：

渊兮，似万物之宗。

莎士比亚：

你们用风、火熔炼的刀剑不能损害我们身上的一根
羽毛，就像把它们砍向呼啸的风，刺向分而复合的水波
一样。

*The elements of whom your swords are temper'd
may as well*

Wound the loud winds, or with bemock'd-at-stabs

Kill the still-closing waters.

　　　　　　　——爱丽儿，《暴风雨》，第三幕，第三场

老子：

挫其锐……同其尘。

道冲，而用之或不盈。

莎士比亚：

上帝啊！要是一个人可以展读命运的秘籍，预知时序的变迁，将会使高山夷为平地，使大陆化为沧海！

O God! that one might read the book of fate,

Make mountains level, and the continent

Melt itself into the sea! And changes fill the cup of

alteration.

——亨利，《亨利四世》，第三幕，第一场

老子：

湛兮，似或存。

莎士比亚：

我已经遗失了我自己；我不在这儿。

I have lost myself, I am not here.

——罗密欧，《罗密欧与朱丽叶》，第一幕，第一场

"无"是万物的源头。印度宗教里，有位将自己身体一分为二的神明创造了世间万物。道教讲究"道法自然"，莎士比亚则认为自然当中蕴藏着神祇。无论如何定义自然，它都是万物的起源和终点，没有任何力量能够胜过自然。

05

老子：

天地不仁，以万物为刍狗；圣人不仁，以百姓为刍狗。

莎士比亚：

人生除了天然的需要以外，要是没有其他的享受，那和畜类的生活有什么分别。

Allow not nature more than nature needs,
Man's life's as cheap as beast's.

————李尔，《李尔王》，第二幕，第四场

她爱得火热，似稻草燃起；
她毁了情爱，一烧光便全完

She burnt with love, as straw with fire flameth;
She burnt out love, as soon as straw outburneth

————《热情的朝圣者》，第7首

自然并无情感。强风吹倒房屋，不是恶意为之；大火摧毁森林，并非出于愤怒；玫瑰明艳动人，亦属自然之态。从这中间是否能够学到什么呢？

06

老子：

谷神不死，是谓玄牝。玄牝之门，是谓天地根。绵绵若存，用之不勤。

莎士比亚：

从女人的眼睛里我得到这一个教训：它们是艺术的经典，知识的宝库，是它们燃起了智慧的神火。

From women's eye this doctrine I derive:

They are the ground, the books, the academes,

From whence doth spring true Promethean fire.

——俾隆，《爱的徒劳》，第四幕，第三场

苏美尔人留下了全世界最早有文字记录的宗教哲学。在苏美尔人的宗教体系中，世界上存在的第一样事物是原始之海，它也被人格化为创世女神纳穆。

07

老子：

天地所以能长且久者，以其不自生，故能长生。……非以其无私邪？故能成其私。

莎士比亚：

可是拿我个人而论，假如要我为了自己而担惊受怕，那么我还是不要活着的好。

For my single self, I had as lief not be

as live to be in awe of such a thing as myself.

——凯歇斯，《裘力斯·凯撒》，第一幕，第二场

所有人都同意——为人切忌自私。"在何处有嫉妒纷争，就在何处有扰乱，和各样的坏事。"（《雅各书》）"所有的爱都是扩散，所有的自私都是收缩。"（斯瓦米·维韦卡南达）

08

老子：

上善若水，水善利万物而不争。处众人之所恶，故几于道。

莎士比亚：

同一的太阳照着他的宫殿，也不曾避过了我们的草屋；日光是一视同仁的。

The selfsame sun that shines upon his court

hides not his visage from our cottage, but

looks on alike.

　　　——潘狄塔，《冬天的故事》，第四幕，第三场

凡是日月所照临的所在，在一个智慧的人看来都是安身的乐土。

All places that the eye of heaven visits

are to a wise man ports and happy havens.

　　　——刚特，《理查二世》，第一幕，第三场

这里与第五章所述内容一致，自然无需为摧毁人类家园承担责任，其对于财富或权势亦是毫不在意：同一的太阳照射着城堡，也照耀着村庄，所及之处都是阳光满地。

09

老子：

持而盈之，不如其已；

……富贵而骄，自遗其咎。

莎士比亚：

哼，罪恶的妄想！

哼，淫欲的孽障！

淫欲是一把血火，

不洁的邪念把它点亮，

痴心扇着它的火焰，

妄想把它愈吹愈旺。

精灵们，拧着他，

不要把恶人宽放；

拧他，烧他，

拖着他团团转，

直等星月烛光一齐黑暗。

Fie on lust and luxury,

Lust is but a bloody fire

Kindled with unchaste desire,

Fed in the Heart whose flames aspire

As thoughts do blow them higher and higher

Pinch him and burn him and turn him about

Till candles and starlight and moonshine be out.

——精灵们唱给福斯塔夫的歌，《温莎的风流娘儿们》，第五幕，第五场

老子：

揣而锐之，不可常保。

金玉满堂，莫之能守。

莎士比亚：

瞧，孩子们，你们都是些什么东西！亮晃晃的黄金放在眼前，天性就会很快地变成悖逆了！

See, sons, what things you are!

How quickly nature falls into revolt

When gold becomes her object.

——亨利，《亨利四世下篇》，第四幕，第五场

10

老子：

载营魄抱一，能无离乎？

专气致柔，能如婴儿乎？

……是谓玄德。

莎士比亚：

你定一定心吧。

Keep yourself within yourself.

——查米恩，《安东尼与克莉奥佩特拉》，第二幕，

第四场

可是我是像北极星一样坚定。

I am constant as the northern star.

    ——凯撒，《裘力斯·凯撒》，第三幕，第一场

  拥有强大的专注力，专注于一种想法，一件事情，抑或一个时刻，这是所有人都需要的，可惜现代人普遍匮乏该项能力。

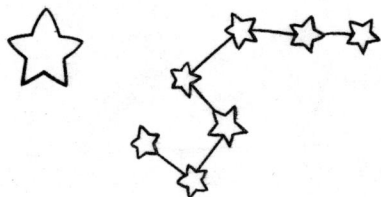

11

老子：

埏埴以为器，当其无，有器之用。

道冲，而用之或不盈。

——出自第四章

莎士比亚：

可是最奇怪的是那神谕的宣示和那种震耳欲聋的声音，正像朱庇特的霹雳一样，把我吓呆了，我感到自己什么也不是。

The ear-deafening voice of the Oracle, kin to Jove's thunder, so surprised my sense, that I was nothing.

——克里奥米尼斯，《冬天的故事》，第三幕，第一场

李尔：说吧。

Lear: Speak.

考狄利娅：父亲，我没有话说。

Cordelia: Nothing, my lord.

李尔：没有？

Lear: Nothing?

考狄利娅：没有。

Cordelia: Nothing.

——《李尔王》，第一幕，第一场

一个杯子，无论外表多么美丽，价格何其昂贵，它的存在都是为了创造空间，以供往里倒入液体。空间才是最为重要的。或许我们也可以学着在自己的生活里创造空间。一个故事说，有位学生告诉老师，他很想要学习，但因为在家学习了很多内容，所以已经掌握了不少知识。学生举起杯子，老师开始往里倒茶，杯子装满以后，老师还不停止。最后，学生不禁问道："老师，您把茶水洒出来了，杯子已经满了。"老师说："是这样的。如果你觉得自己的杯子已经满了，那我就没什么可以教你的了。你得拿一个空杯子给我才行啊。"

12

老子：

五色令人目盲，五音令人耳聋，五味令人口爽……
是以圣人为腹不为目，故去彼取此。

莎士比亚：

说真的，我的眼睛并不爱你，

因为眼睛看到的你处处是毛病；

不过眼睛所轻视的东西，心却在爱，

心儿不管目之所见，只是爱意日深。

我的耳朵听不见你吟诵的歌曲，

我敏感的触觉无兴致抚摸你的肉身。

还有味觉和嗅觉都变得麻木，

不愿单独得乐趣于你的肉体官能。

In faith, I do not love thee with mine eye,

For they in thee a thousand errors note,

But 'tis my heart that loves what they despise,

Who in despite of view is pleased to dote;

Nor are mine ears with thy tongue's tune delighted,

Nor tender feelings to base touches prone,

Nor taste, nor smell desire to be invited

To any sensual feast with thee alone.

————十四行诗，第141首，1-8行

感官很可能是彻头彻尾的幻觉。秋天的红色落叶轻易会被误认为是俯冲向地面的红雀。有句希伯来谚语是这样说的："心灵要比眼睛看得清楚。"

13

老子：

宠辱若惊，贵大患若身。……吾所以有大患者，为吾有身。及吾无身，吾有何患？

莎士比亚：

因为世上的事情本来没有善恶，都是各人的思想把它们分别出来的。

There is nothing either good or bad but thinking makes it so.

——哈姆雷特，《哈姆雷特》，第二幕，第二场

只要我们的思想已经有了准备，那一切都已准备就绪。

All things are ready, if our minds be so.

——亨利，《亨利五世》，第四幕，第三场

思想是无拘无束的。

Thought is free.

——玛利娅，《第十二夜》，第一幕，第三场

有一个关于两位僧人同时看到幡旗在风中飘扬的经典故事。一名僧人说："风在动。"另一名说："不，幡旗在动。"路过的高僧说："你们都说错了，其实是你们的心在动。"要想明白高僧的说法并不难，比理解下面举的这个例子也就难一点点。棒球比赛结束后，战败球队里有队员笑着向对方祝贺，同时也有队员生气得用脚踢东西，甚至大声咒骂。面对同一事件，人们会有不同的反应，或许这与大脑如何解读该事件有所关联。将这种想法往远方延伸，可以说世间万事都取决于人们的解读方式。如果事实真是这样，我们何不以快乐的方式来解读所有的事物呢？

14

老子：

视之不见名曰夷，听之不闻名曰希，搏之不得名曰微。

莎士比亚：

因为眼睛不能瞧见它自己，必须借着反射，借着外物的力量。

The eye sees not itself

But by reflection, by some other things.

——勃鲁托斯，《裘力斯·凯撒》，第一幕，第
二场

问题在于，直觉和感知都不够可靠。你对某件事有着强烈的感觉时，是没法去量化这种感受的。而且，你越想要审视或者解释这种感觉，它反而消失得越快。你竭力去仔细体味时，就连事实也无法阻止感觉的泯灭。物理学界耗

费数千年（如果认同希腊人创立了原子科学这个观点的话）来确定物质的组成部分，他们认定原子为宇宙间最小的物质时，有人却已经发现了质子和电子。现在，有人认为亚原子粒子可能是由"能量倾向"组成，而这实在太难以捉摸。

15

老子：

豫兮，若冬涉川；犹兮，若畏四邻；俨兮，其若客。

莎士比亚：

我不愿冰雪遮掩了五月的花天锦地，也不希望蔷薇花在圣诞节含娇弄媚；万物都各自有它生长的季节。

At Christmas I do no more desire a rose

than wish a snow in May's newfangled shows,

but like of each thing that in season grows.

——俾隆，《爱的徒劳》，第一幕，第一场

没有耐性的人是多么可怜！什么伤口不是慢慢地平复起来的？

How poor are they that have not patience!

What wound did ever heal but by degrees?

——伊阿古，《奥赛罗》，第二幕，第三场

我要忍受众人所不能忍受的痛苦；我要闭口无言。

I will be the pattern of all patience,

I will say nothing.

————李尔，《李尔王》，第三幕，第二场

大家都同意这样的观点。"我们又劝你们，弟兄们，……也要向众人忍耐。"（《帖撒罗尼迦前书》）。"忍耐是最好的祷告。"（佛祖）。"跟随大自然的脚步：她的秘密在于耐心。"（拉尔夫·沃尔多·爱默生）。"忍耐之于被侮辱的人，正如衣服之于挨冷的人。"（列奥纳多·达·芬奇）

16

老子：

夫物芸芸，各复归其根。

莎士比亚：

就像从不同角度射出的箭，飞向同个目标；东西南北的道路，通往同个城镇；无数条淡水河汇入同个咸海……

千头万绪的事业一旦开始，便奔着同个目的而去。

As many arrows loosed several ways, come to one mark,

As many ways meet in one town,

As many fresh streams meet in one salt sea...

So may a thousand actions, once afoot, end in one purpose.

——坎特伯雷，《亨利五世》，第一幕，第二场

有一种理论认为，宇宙万物起源于虚无，最终也将归于虚无。印度宗教认为，宇宙一直处在不断地反复从创始到毁灭的过程中，也就是一直在渡劫。希腊思想家，尤其是毕达哥拉斯，把宇宙的无限循环称为"永恒回归"。一些当代科学家们认为，宇宙"大爆炸"结束以后便会走向"大收缩"，所有经历爆炸而膨胀的物质最终会坍缩在一起。万物皆有源，亦会归于源。

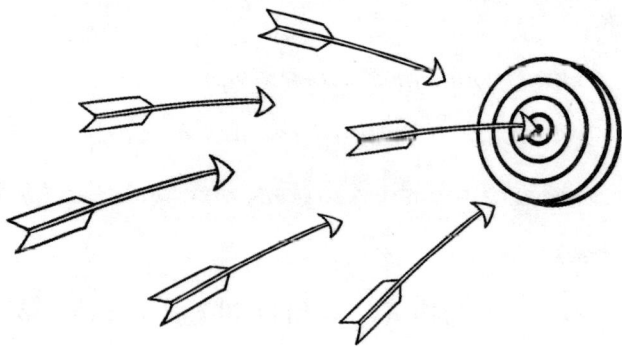

17

老子：

信不足焉，安有不信。悠兮其贵言，功成事遂，百姓皆谓我自然。

莎士比亚：

一次不忠百次不用。

Trust not him that hath once broken faith.

——伊利莎伯，《亨利六世下篇》，第四幕，第四场

要相信你，还不如相信一颗煮熟的梅子。

There's no more faith in thee than in a stewed prune.

——福斯塔夫，《亨利四世上篇》，第三幕，第三场

"信念，就是即使看不到长阶通向何方，却仍愿意迈出第一步。"（马丁·路德·金）"信仰是去相信我们所从未看见的；而这种信仰的回报，是看见我们相信的。"（圣奥古斯丁）"信念是鸟，它在黎明仍在黑暗之际，感觉到了光明，唱出了歌。"（拉宾德拉纳特·泰戈尔）不过，反过来说也是正确的。"一边呼唤上帝，一边也要远离礁石。"（亨特·斯托克顿·汤普森）。

18

老子：

慧智出，有大伪。

莎士比亚：

既然他们所需要的，只是我的脱帽致敬，不是我的竭忠尽瘁，那么我可以学习一套卑躬屈节的本领，尽量向他们装腔作势。

And since the wisdom of their choice is rather to have my hat than my heart,

I will practice the insinuating nod and be off to them most counterfeitly.

——科利奥兰纳斯，《科利奥兰纳斯》，第二幕，第三场

19

老子：

绝圣弃智，民利百倍。

莎士比亚

我不要听什么哲学！除非哲学能够制造一个朱丽叶，迁徙一个城市，撤销一个亲王的判决，否则它就没有什么用处。别再多说了吧。

Hang up philosophy!

Unless philosophy can make a Juliet,

Displant a town, reverse a prince's doom,

It helps not, it prevails not; talk no more.

——罗密欧，《罗密欧与朱丽叶》，第三幕，第三场

我们要做的第一件事，就是把所有的律师杀光。

The first thing we do, let's kill all the lawyers!

——狄克，《亨利六世中篇》，第四幕，第二场

莎士比亚：

学问是我们随身的财产，我们自己在什么地方，我们的学问也跟着我们在一起。

Learning is by an adjunct to ourself,

And where we are, our learning likewise is.

——俾隆，《爱的徒劳》，第四幕，第三场

20

老子：

儽儽兮，若无所归！

众人皆有余，而我独若遗。

我愚人之心也哉，沌沌兮！

俗人昭昭，我独昏昏。

……众人皆有以，而我独顽似鄙。

莎士比亚：

我没有学者的忧愁，那是好胜；也没有音乐家的忧愁，那是幻想；也没有侍臣的忧愁，那是骄傲；也没有军人的忧愁，那是野心；也没有律师的忧愁，那是狡猾；也没有女人的忧愁，那是挑剔；也没有情人的忧愁，那是集上面一切之大成；我的忧愁全然是我独有的，它是由各种成分组成的，是从许多事物中提炼出来的，是我旅行中所得到的各种观感，因为不断沉思，终于把我笼罩在一种十分古怪的悲哀之中。

I have neither the scholar's melancholy, which is

emulation,

nor the musician's which is fantastical nor the courtier's, which is proud,

nor the soldier's, which is ambitious, nor the lawyer's which is politic,

nor the lady's which is nice, nor the lover's which is all these,

but it is a melancholy of mine own, compounded of many simples,

extracted from many objects, a indeed the sundry contemplation of my travels in which my often rumination wraps me in a most humorous sadness.

——杰奎斯，《皆大欢喜》，第四幕，第一场

悲哀啊，谁能触及你的底层呢？谁知道哪一处海港是最适合于停泊呢？你这有福的人儿！乔武知道你会长成怎样的男子；可是你现在死了，我只知道你是一个充满着忧郁的绝世少年。

O Melancholy,

Who ever yet could sound thy bottom? find

Mightiest easiliest harbor in? Thou blessed thing,

Jove knows what man thou mightst have made, But J,

Thou diedst, a most rare boy, of melancholy.

——培拉律斯，《辛白林》，第四幕，第二场

亚马多：孩子，一个精神不凡的人要是变得忧郁起来，会有些什么征象？

Armado: Boy, what sign is it that a man of great spirit grows Melancholy?

毛子：他会显出悲哀的神气，主人，这是一个显著的征象。

Moth: A great sign, sir, that he will look sad.

——《爱的徒劳》，第一幕，第二场

追寻伟大学识的道路有时是特立独行的，是踽踽独行的，将你与所有人都隔开来。你看待事物的方式会有别于身边所有人。你不再满足于昔日的生活，发现每日推送的新闻不再有趣，对平淡无奇的工作也感到乏味。我们必须承认，这条路有时会令人感到孤寂甚至难过。

21

老子：

道之为物，惟恍惟惚。

惚兮恍兮，其中有象；恍兮惚兮，其中有物；

窈兮冥兮，其中有精。其精甚真，其中有信。

莎士比亚：

我们的这些演员们……原是一群精灵；他们都已化成淡烟而消散了。

These our actors...were all spirits and are melted into air...

We are such stuff as dreams are made on.

　　　　——普洛斯彼罗，《暴风雨》，第四幕，第一场

梦的本身便是影子。

A dream itself is but a shadow.

　　　　——哈姆雷特，《哈姆雷特》，第二幕，第二场

对了，梦本来是痴人脑中的胡思乱想；它的本质像空气一样稀薄；它的变化莫测，就像一阵风，刚才还在向着冰雪的北方求爱，忽然发起恼来，一转身又到雨露的南方来了。

True, I talk of dreams

Which are the children of an idle brain.

Begot of nothing but vain fantasy,

Which is as thin of substance as the air

And more inconstant than the wind.

——茂丘西奥，《罗密欧与朱丽叶》，第一幕，第四场

22

老子：

曲则全，枉则直；洼则盈，敝则新……

夫唯不争，故天下莫能与之争。

……诚全而归之。

莎士比亚：

那反正一样。

All's one for that.

——福斯塔夫，《亨利四世上篇》，第二幕，第

四场

它们彼此相爱，

本质乃是一体，

分明是二，又浑然为一，

数已为爱所摧。

So they loved as love in twain

Had the essence but in one,

Two distincts, division none.

——《凤凰与斑鸠》，25–27行

我们无法否认，宇宙是由世间万物组成的一个个体。

23

老子：

希言自然。……天地尚不能久，而况于人乎？

莎士比亚：

言贵简洁。

Brevity is the soul of wit.

——波洛涅斯，《哈姆雷特》，第一幕，第五场

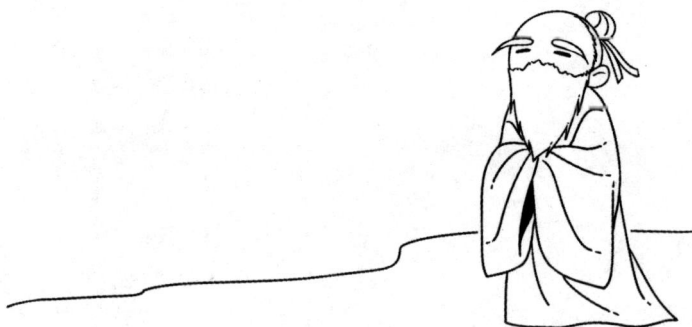

24

老子：

企者不立，跨者不行。

莎士比亚

谁若信任人间的假仁假义，架起空中楼阁，谁就像醉酒的水手高攀船桅；只消一点头（打盹，编者）他就会翻身落海，沉入万劫不复的深渊。

Who builds his hope in air of your good looks

Lives like a drunken sailor on a mast,

Ready with every nod to tumble down

Into the fatal bowels of the deep.

　　——海司丁斯，《理查三世》，第三幕，第四场

老子：

自矜者不长。

莎士比亚：

就在昨天，凯撒的一句话可以抵御整个的世界；现在他躺在那儿，没有一个卑贱的人向他致敬。

Yesterday the word of Caesar might have stood against the world; now lies he there, and none so poor to do him reverence.

——安东尼，《裘力斯·凯撒》，第三幕，第二场

孜孜矻矻的腐儒白首穷年，还不是从前人书本里掇拾些片羽寸鳞？

Small have continual plodders ever won
Save base authorities from others' books.

——俾隆，《爱的徒劳》，第一幕，第一场

不论才华如何出众，杂耍人都不可能在空中抛掷无数个球，况且人世间又有多少杰出的杂耍人呢？大多艺术家之所以创作伟大的画作，就是为了交由所有人去欣赏，而不是隐匿于昏暗的画室。

25

老子：

故道大，天大，地大，王亦大。域中有四大，而王居其一焉。人法地，地法天，天法道，道法自然。

莎士比亚：

愿你后福无穷，你是有天地水火集合的力量、大声预报你坠地的信息！

Thou hast as chiding a nativity

As fire, air, water, earth and heaven can make

To herald thee from thy womb.

——配力克里斯，《泰尔亲王配力克里斯》，第三幕，第一场

尘土只能有它的份，那就是尘土；

灵魂却属你，这才是我的真身。

The earth can have but earth, which is his due,

My spirit is thine, the better part of me.

——十四行诗，第74首，7-8行

每个人类的灵魂自具有其重大意义和价值。

26

老子：

重为轻根，静为躁君。

莎士比亚：

周详的思考和斟酌仅仅适宜于圣贤。

Sad pause and deep regard beseem the sage.

——《鲁克丽丝受辱记》，第227行

"孤独的树如果成长，就会成长得非常茁壮。"
（温斯顿·丘吉尔）"如果没有悲伤与之平衡，'快乐'这个词将失去意义。"（卡尔·荣格）

老子：

是以君子终日行，不离辎重。

莎士比亚：

是旅行家啊！那你就应该有悲哀的理由了。我想你多半是卖去了自己的田地去看别人的田地；看见的这么多，自己却一无所有；是饱了眼福，两手却是空空的。

A traveler! By my faith, you have great reason to be sad.

You have sold your own lands to see other men's; then to

have seen much, and to have nothing, is to have rich eyes.

——罗瑟琳，《皆大欢喜》，第四幕，第一场

我，考斯塔德，不甘心坐守囚屋，

往外跑，绊一跤，跌断腿骨。

I, Costard, running out, that was safely within,

Fell over the threshold and broke my shin.

——考斯塔德，《爱的徒劳》，第三幕，第一场

想象、阅读，或者当代学者所述的通用媒体，都可以代替身体力行的出游。莎士比亚似乎想要表达旅行的孤独感、困难或是回报，但老子似乎倾向于认为，所有地方实则是一

个地方。（华莱士·史蒂文斯在"宣言的隐喻"中详述过该观点："二十个人走过桥梁，进入村庄。那是二十个人走过二十座桥梁，进入二十座村庄。"）

27

老子：

善行无辙迹。

莎士比亚：

当我从这偷摸到那儿，我并没有走错我的道路。

And when I wander here and there, I then do most go right.

——奥托里古斯，《冬天的故事》，第四幕，第三场

老子：

是以圣人常善救人，故无弃人……不贵其师，不爱其资，虽智大迷。

莎士比亚：

这位公爵很有学问，口才出众，天资比别人都高；他的教养，不必求助于他人就足以使他成为一代大师的师

父和表率。

The gentleman is learn'd and a most rare speaker,

To nature none more bound; his training such

That he may furnish and instruct great teachers

And never seek for aid out of himself

——亨利，《亨利八世》，第一幕，第二场

　　欧根·赫里格尔在他的著作《学箭悟禅录》中提出，不将注意力全部集中于目标，靶心的距离反而感觉被拉近了，他对此大感惊叹。这其实就是本章第一处引用的老子观点的现实例证。

28

老子：

知其雄，守其雌，为天下谿。

知其白，守其黑，为天下式。

知其荣，守其辱，为天下谷。

莎士比亚：

我要证明我的头脑是我的心灵的妻子，我的心灵是我的思想的父亲；它们两个产下了一代生生不息的思想。

My brain I'll prove the female to my soul,

my soul the father, and these two beget a generation.

——理查，《理查二世》，第五幕，第五场

因为世上哪一个作家能够像一个女人的眼睛一般把如许的美丽启示读者？

Where is any author in the world

Teaches such beauty as a woman's eye?

　　　　——俾隆，《爱的徒劳》，第四幕，第三场

光荣如同水面上的水花一样，从一个小圆圈变成大圆圈，不停地扩大，直到无可再大，归于消灭。

Glory is like a circle in the water,

Which never ceaseth to enlarge itself

Till by broad spreading it disperse to nought.

　　　　——贞德，《亨利六世上篇》，第一幕，第二场

　　"阴"和"阳"一般是用一半黑一半白的圆形表示，中间以S形的曲线隔开。黑色部分代表"阴"，指的是雌性；白色部分代表"阳"，指的是雄性。"阴阳"意指雌雄二者总是相伴相生。一般人们会将水与雌性的力量联想起来，而道家似乎认为水的力量无法超越。

29

老子：

故物……或强或赢……是以圣人去甚，去奢，去泰。

莎士比亚：

吃得太饱的人，跟挨饿不吃东西的人，一样是会害病的，所以中庸之道才是最大的幸福。

They are as sick that surfeit with too much

as they that starve with nothing.

It is no mean happiness therefore to be seated in the

mean.

　　　　　——尼丽莎《威尼斯商人》，第一幕，第二场

唉！有着巨人一样的臂力是一件好事，可是把它像一个巨人一样使用出来，却是残暴的行为。

It is excellent

To have a giant's strength, but it is tyrannous

To use it like a giant.

　　——伊莎贝拉，《一报还一报》，第二幕，第二场

　　从人的生理来说，无限制的纵欲是一种"虐政"。它曾经推翻了无数君主，使他们不能长久坐在王位上。

Boundless intemperance

In nature is a tyranny; it hath been

The untimely emptying of the happy throne,

and fall of many kings.

　　——麦克德夫，《麦克白》，第四幕，第三场

　　道家的这句话常被认为是政治声明。国家不应以强权欺人。莎士比亚也认为这条建议适用于君王。

30

老子：

果而勿矜，果而勿伐，果而勿骄，果而不得已，果
而勿强。

莎士比亚：

可是我要警告那些喜欢吹牛的朋友们，不要太吹过
了头，有一天你会发现自己是一头驴子的。

Who knows himself a braggart, let him fear this;

for it will come to pass that every braggart shall be
found an ass.

——帕洛，《终成眷属》，第四幕，第三场

啊！从此以后，我再也不信任那些预先拟就的说
辞，它学童背书似的诉述我的情思；我再也不套着面具访
问我的恋人，像盲乐师奏乐似的用诗句求婚；那些绢一般
柔滑、绸一般细致的字句，三重的夸张，刻意雕琢的言
语，还有那冬烘的辞藻像一群下卵的苍蝇，让蛆一样的矜

饰汩没了我的性灵。

O never will I trust to speeches penned

Nor to the motion of a schoolboy's tongue,

Nor never come in visard to my friend,

Nor woo in rhyme like a blind harper's song!

Taffeta phrases, silken terms precise,

Three-piled hyperboles, spruce affection,

Figures pedantical—these summer flies

Have blown me full of maggot ostentation.

> ——俾隆，《爱的徒劳》，第五幕，第二场

就拿您对待您朋友的态度对待您自己吧。

Be to yourself as you would to your friend.

> ——诺福克，《亨利八世》，第一幕，第一场

我们不得不再次表示赞同。"如果自己都不希望被人此般对待，自己也不要那般待人。"（古老的埃及纸莎草书，公元前664–公元前323年）。"待人如己。"（《摩诃婆罗多》）"你们愿意人怎样待你们，你们也要怎样待人。"（耶稣，《路加福音》）

31

老子：

兵者不祥之器，非君子之器，不得已而用之，恬淡为上。

莎士比亚：

现在把你们的盾牌挡在胸前，鼓起你们比盾牌更坚强的斗志，努力杀敌吧！

Now put your shields before your hearts,

and fight with hearts more proof than shields.

——卡厄斯·马歇斯，《科利奥兰纳斯》，第一幕，第四场

他要是敬畏上帝，当然应该跟人家和和气气；万一闹翻了，自然要惴惴不安的。

If he do fear God, he must necessarily keep peace;

if he break the peace, he ought to enter into a quarrel

with fear and trembling.

——里奥那托，《无事生非》，第二幕，第三场

老子：

夫唯兵者，不祥之器，物或恶之，故有道者不处。

莎士比亚：

使战争孕育和平。

Make war breed peace.

——艾西巴第斯，《雅典的泰门》，第五幕，第四场

《道德经》三十一章阐述了老子对于兵器与战争的看法，常被认为是给当政者的建议。"人们不用继续探讨战争到底是紧张局势的结果还是原因。现代武器的存在就足以成为恐怖、仇视与不信任的根源。"（约翰·菲茨杰拉德·肯尼迪）

32

老子：

道常无名，朴虽小，天下莫能臣也。侯王若能守之，万物将自宾。

譬道之在天下，犹川谷之于江海。

莎士比亚：

善恶的区别，在于行为的本身，不在于地位的有无。

Good alone is good, without a name.

——法国国王，《皆大欢喜》，第二幕，第三场

姓名本来是没有意义的。

What's in a name?

——朱丽叶，《罗密欧与朱丽叶》，第二幕，第二场

大地是生化万类的慈母，

她又是掩藏群生的坟墓，

试看她无所不载的胸怀，

哺乳着多少的婑女婴孩！

天生下的万物没有弃掷，

什么都有它各自的特色。

The earth that's nature's mother is her tomb,

What is her burying grave, that is her womb;

And from her womb children of divers kind

We sucking on her natural bosom find:

Many for many virtues excellent

None but for some, and yet all different.

——劳伦斯神父，《罗密欧与朱丽叶》，第二幕，第三场

"那人怎样叫各样的活物，那就是它的名字。"但是，名字无法展现它所表示物体的本质。"玫瑰"一词不能发出香味，即便玫瑰被称为"铁锤"，它本身还是可以散发香气。与其关注人和物的名称，不如探索他们的本质。

33

老子：

知人者智，自知者明。

莎士比亚：

你必须对你自己忠实；正像有了白昼才有黑夜一样，对自己忠实，才不会对别人欺诈。

This above all, to thine own self be true

and it must follow as the night the day

thou canst not then be false to any man.

　　　　——波洛涅斯，《哈姆雷特》，第一幕，第三场

我现在了解我自己了，我感到在我内心里有一种平静，远非人间一切尊荣所能比拟，是一种宁静安详的感觉。

I know myself now, and I feel within me

A peace above all earthly dignities,

A still and quiet conscience.

——伍尔习，《亨利八世》，第三幕，第二场

　　根据希腊作家鲍桑尼亚记载，箴言"认识你自己"被镌刻在德尔斐的阿波罗神庙里。后来的希腊人对这句话做出了进一步的解读，指出它特别适用于"夸大其词"的那些人。它也意在鼓励人们切忌过度关注大众，抑或是多数人的观点。

34

老子：

大道泛兮，其可左右。

常无欲，可名于小……以其不自为大也，故能成大。

莎士比亚：

谎话不会从你的嘴里出来，因为你瞧上去是这样正直而真诚，从你的容貌看来，你像一座真理的君王所居住的宫殿。

Falseness cannot come from thee,

for thou lookest modest as Justice,

and thou seemest a palace

for the crown'd Truth to dwell in.

——配力克里斯，《泰尔亲王配力克里斯》，第五幕，第一场

35

老子：

执大象，天下往。

莎士比亚：

一切形式都是不存在的，一切命令都是不存在的……你可以握住毒蛇的舌头，怒狮的脚掌，饿虎的牙齿。

All form is formless, order orderless...

thou mayst hold a serpent by the tongue,

a cased lion by the mortal paw,

a fasting tiger safer by the tooth.

——潘杜尔夫，《约翰王》，第三幕，第一场

什么地位！什么面子！多少愚人为了你这虚伪的外表而凛然生畏……

O place, O form,

How often dost thou with thy case, the habit,

Wrench awe from fools...

　　——安哲鲁，《一报还一报》，第二幕，第四场

老子：

乐与饵，过客止。道之出口，淡乎其无味。

莎士比亚：

外观往往和事物的本身完全不符，世人却容易为表面的装饰所欺骗。

So may the outward shows be least themselves—

The world is still deceiv'd by ornament.

　　——巴萨尼奥，《威尼斯商人》，第三幕，第二场

　　名字与外表若无多少真实性，那么任何超越了肤浅表面的存在，或许都称得上真实。知晓这点算是破解了重大的秘密，也就拥有了弥足珍贵而无比强大的知识力量。

36

老子：

柔弱胜刚强。

莎士比亚：

您的心地真是善良，愿上天降福给您这样的人。

You bear a gentle mind, and heavenly blessings

follow such creatures.

　　——宫内大臣，《亨利八世》，第二幕，第四场

人类既为禽兽，便让禽兽拥有温柔心灵。

Since men prove beasts, let beasts bear gentle minds.

　　——《鲁克丽丝受辱记》，1148行

他年纪虽然很轻，做的事情十分了不得；看上去像
一头羔羊，上起战场来却像一头狮子；他的确能够超过一
般人对他的期望。

He hath borne himself beyond the promise of his age,

doing

in the figure of a lamb the feats of a lion. He hath

indeed better bett'red expectation.

——使者，《无事生非》，第一幕，第一场

在人类历史长河的大多阶段，总有思想家和领袖规劝世人彼此温柔相待。从佛祖到耶稣，从各个文化里的圣人到为国家带来巨变的伟大历史人物，甚至于到现代的精神领袖如甘地、马丁·路德·金和特蕾莎修女，无不以自己的方式提出建议：温柔待人，可以扭转仇恨。可惜，大多数人都很难做到。

37

老子：

道常无为，而无不为。……不欲以静，天下将自定。

莎士比亚：

我的心正像涨到顶的高潮一般，因为极度的冲击，反而形成静止的状态，决不定行动的方向。

'Tis with my mind

As with the tide swelled up unto his height

That makes a still stand, running neither way.

——诺森伯兰，《亨利四世下篇》，第二幕，第三场

我宁愿我的筋骨在懒散中生锈而死去，不愿让不断的劳动磨空了我的身体。

It were better to be eaten to death with a rust

than to be scour'd to nothing with perpetual motion.

——福斯塔夫，《亨利四世下篇》，第一幕，第二场

唉，请你不要太辛苦了吧！我真希望一阵闪电把那些要你堆垒的木头一起烧掉！

Alas, now pray you

Work not so hard. I would the lightning had

Burnt up those logs that you are enjoin'd to pile!

——米兰达，《暴风雨》，第三幕，第一场

被动和休止的状态实际上就是行动。比如说，有些古时的对战技巧完全是建立在简单的闪避进攻上。不但双方没有任何接触，防御者还让进攻者呈现出滑稽可笑的模样。

38

老子：

故失道而后德，失德而后仁，失仁而后义。

禅宗大师承周说过："自然本为完整，无需社会建构抑或国家律法点缀。如大道无人遵从，管理之规则自会发挥其效用。"

莎士比亚：

这是一种改良天然的艺术，或者可说是改变天然，但那种艺术的本身正是出于天然。

Yet Nature is made better by no mean

But Nature makes that mean; so over that art

Which you say adds to Nature, is an art

That Nature makes.

——波力克希尼斯，《冬天的故事》，第四幕，第四场道德的行动较之仇恨的行动是可贵得多的。

The rarer action is in virtue than in vengeance.

——普洛斯彼罗，《暴风雨》，第五幕，第一场

法律不外人情。

Pity is the virtue of the law.

——艾西巴第斯，《雅典的泰门》，第三幕，第五场

依莎贝拉：可是您也应该发发慈悲。

Isabella: Yet show some pity.

安哲鲁：我在秉公执法的时候，就在大发慈悲。

Angelo: I show it most of all when I show justice.

——《一报还一报》，第二幕，第二场

　　一般说来，如果某个社会必须制定法律以阻止人们犯错，就足以说明社会的腐化衰退。人人都应拥有道德感，用不着由他人来告知对与错的界限。然而，社会的衰退不可避免。这种退化一旦发生，道德应运而生；道德也开始堕落时，司法开始管理社会。如此看来的话，法律似乎是个充满悲情的社会产物，它表明社会的堕落进入了第三个阶段。

39

老子：

天得一以清，地得一以宁，神得一以灵，谷得一以盈。

莎士比亚：

瞧，地下生着各种草木的根；在这一里以内，长着多少的山蔬野草；橡树上长着橡果，野蔷薇也长着一粒粒红色的果实；那慷慨的主妇，大自然，在每一棵植物上替你们安排好美食。

Behold, the earth has roots,

Within this mile break forth a hundred springs;

The oaks bear mast, the briars scarlet heps;

the bounteous huswife Nature on each bush

Lays her fullness before you.

　　　　——泰门，《雅典的泰门》，第四幕，第三场

我们的这种生活，虽然远离尘嚣，却可以听树木的

谈话，溪中的流水便是大好的文章，一石之微，也暗寓着教训。

This our life, exempt from public haunt,

Finds tongues in trees, books in running brooks,

Sermons in stones, and good in everything.

——老公爵，《皆大欢喜》，第二幕，第一场

自然是真实的，城市相比则逊色不少。聆听瀑布的水流声，赤脚踩在沙滩上，我们从中可以比在大学教室学到更多。不过，《道德经》的第三十九章不仅仅是鼓励人们多亲近大自然。任何人、事、物的真实本质远比外表重要，如果能够认清万物的本质，一切都会充满生机。

40

老子：

天下万物生于有，有生于无。

莎士比亚：

把虚无的幻影认为真实了。

Nothing is but what is not.

　　　——麦克白，《麦克白》，第一幕，第三场

是什么，就是什么。

Nothing that is so is so.

　　　——小丑，《第十二夜》，第四幕，第二场

这是我们的世界：

我们对它一无所知。

This is all our world:

We shall know nothing.

——阿塞特，《两个高贵的亲戚》，第二幕，第二场

从现代物理学的角度来说，世界上没有"无"这样东西（部分原因在于它总会变成某物）。不过，《道德经》的第四十章将"无"当作"虚无"来进行审视。如果它什么都不是，那它是什么？所有上述引语都涵盖两种矛盾而对立的存在，一种思想必然会存在反面，除非你一无所知，也就是无所不知。

41

老子：

上士闻道，仅能行之。

莎士比亚：

在造化的无穷尽的秘籍中，我曾经涉猎一二。

In nature's infinite book of secrecy

A little I can read.

——预言者，《安东尼与克莉奥佩特拉》，第一
幕，第二场

老子：

下士闻道，大笑之——不笑不足以为道。

莎士比亚：

嘲讽所不足。

For what we lack we laugh.

——忒修斯，《两个高贵的亲戚》，第五幕，第四场

老子：

明道若昧，进道若退，夷道若纇，上德若谷。

莎士比亚：

这叫人多么想不通啊，尽管这回事儿已经黑白分明，摆在我的面前，可我的眼睛却还是怎么也不愿意相信。

'Tis so strange that,

though the truth of it stands off as gross

as black and white, my eye will scarcely see it.

——亨利，《亨利五世》，第二幕，第二场

中世纪的方济各会逻辑学家奥卡姆所说的这句话常常被人引用："如无必要，勿增实体"，意思是最简单的就是最好的（该观点有时被称为奥卡姆的剃刀原理）。然而，许多人还是会毫无必要地将事情变得复杂，他们似乎无法相信真相可以如此简单。人们很容易嘲笑简单的事实，却很难相信它。

42

老子:

道生一，一生二，二生三，三生万物。

莎士比亚:

为什么你要怨恨天地，怨恨你自己的生不逢辰？
天地好容易生下你这一个人来，你却要亲手把你自己
摧毁！

Why railest thou on thy birth? the heaven and earth?

Since birth, and heaven, and earth, all three do meet

In thee at once.

——劳伦斯神父，《罗密欧与朱丽叶》，第三幕，
第三场

俾隆: 玉手纤纤的姑娘，让我跟你谈一句甜甜的
话儿。

Berowne: White-handed mistress, one sweet word with

thee.

公主： 蜂蜜，牛乳，蔗糖，我已经说了三句了。

Princess: Honey, and milk, and sugar—there is three.

——《爱的徒劳》，第五幕，第二场

在大多数世界哲学和宗教中，"三"都是非常重要的数字。约瑟夫·坎贝尔这样解释一个印度教起源神话：永恒过后，世界想要认识自己，于是把自己分为两部分，这两部分生出三，三则形成所有现存事物。大部分宗教神话都有父亲、母亲和孩子的"三位一体"，有些也说是父亲、儿子和神灵。在所有早期人类的计数系统中，有一点值得注意：它们都有1-2-3这种数字模式，实际的意思其实是"一，二，多"。换言之，早期人类有专门表示1和2的词，1、2之后的数量则是无限的。

43

老子：

天下之至柔，驰骋天下之至坚……不言之教，无为之益，天下希及之。

莎士比亚：

假如你不用暴力，客客气气地向我们说，我们一定会更客客气气地对待你的。

Your gentleness shall force,

More than your force move us to gentleness.

   ——老公爵，《皆大欢喜》，第二幕，第七场

雨滴不断地落在云石上，云石也会磨穿。

Much rain wears the marble.

   ——葛罗斯特公爵，《亨利六世下篇》，第三幕，第二场

让我们暂时用温和的言语作战，等我们有了可以用

实力帮助我们的朋友以后，再来洗雪今天的耻辱吧。

No, good my lord, let's fight with gentle words,

Till time lend friends, and friends their helpful swords.

——奥墨尔公爵，《理查二世》，第三幕，第三场

《理查二世》的引言就特别提到了：云石是坚固的，水几乎是无形的，却能滴水穿石；水流持续不断地侵蚀岩地，甚至能铸就壮观的大峡谷。这就是柔的力量。

44

老子：

名与身孰亲？身与货孰多？得与亡孰病？……故知足不辱，知止不殆，可以长久。

莎士比亚：

人世间的煊赫光荣，往往产生在罪恶之中，为了身外的浮名，牺牲自己的良心。

Glory grows guilty of detested crimes,

When for fame's sake, for praise, an outward part,

We bend to that the working of the heart.

——法国公主，《爱的徒劳》，第四幕，第一场

为财富可舍荣誉，财富常招致纷争；

终于毁灭了一切，一切都丧失干净。

Honor for wealth, and of that wealth doth cost

The death of all, and all together lost.

——《鲁克丽丝受辱记》，第146行

电影明星和哲学家不约而同地对上述观点表示了赞同。"我曾拥有的名声与光环早已散去，幸好我早已洞悉了它的虚无缥缈。我庆幸自己曾经置身其中，而没有深陷其中。"（玛丽莲·梦露）"财富就像海水，饮得越多，渴得越厉害；名望也是如此。"（亚瑟·叔本华）

45

老子：

大成若缺，其用不弊。大盈若冲，其用不穷。大直若屈，大巧若拙，大辩若讷。

莎士比亚：

爱人，照我所能观察到的，无言的纯朴所表示的情感，才是最丰富的。

Love, therefore, and tongue-tied simplicity
In least speak most.

　　——忒修斯，《仲夏夜之梦》，第五幕，第一场

老子：

躁胜寒，静胜热。清静为天下正。

莎士比亚：

天空起了云，聪明人就要加衣服。

When clouds are seen, wise men put on their cloaks.

——市民，《理查三世》，第二幕，第三场

此处再次警示世人应力求简单，最简单的答案就是最好的。然而，令人感到惊异的是，许多人站在雨里，因周身湿透而怨声载道，却不知最简单的解决办法就是从雨中走出。

46

老子：

天下有道，却走马以粪；

天下无道，戎马生于郊。

莎士比亚：

理查王：一匹马！一匹马！我的王位换一匹马！

［理查被里士满刺杀］

Richard: A horse! A horse! My kingdom for a horse!

[Richard is slain by Richmond]

里士满：求您莫让叛逆再度猖狂，而使残酷岁月又蹈覆辙，在我土上血泪重流！今日国内干戈息，和平再现。

Richmond: Let them not live to taste this land's increase that would...

wound this fair land's peace! Now civil wounds are stopped,

and Peace lives again.

——《理查三世》，第五幕，第四场

老子：

祸莫大于不知足。

莎士比亚：

再加上大臣们争权结党，我看分崩离析的局面，是势所难免的了。

When envy breeds unkind division,

there comes the ruin,

there begins confusion.

——爱克塞特公爵，《亨利六世上篇》，第四幕，第一场

47

老子：

不出户，以知天下……其出弥远者，其知弥鲜。

莎士比亚：

即使把我关在一个果壳里，我也会把自己当作一个拥有着无限空间的君王的。

I could be bounded in a nutshell

and count myself a king of infinite space.

　　——哈姆雷特，《哈姆雷特》，第二幕，第二场

因为你在哪里，哪里就是整个的世界，世间的一切快乐也都齐备。

For where thou art, there is the world itself,

with every several pleasure in the world.

　　——萨福克伯爵，《亨利六世中篇》，第三幕，第二场

您好容易才把他留住的；方才抛下几次锚去，都没有成功。

You had much ado to make his anchor hold,

When you cast out, it still came home.

　　——卡密罗，《冬天的故事》，第一幕，第二场

在家里要舒服得多哩；可是旅行人只好知足一点。

When I was at home, I was in a better place,

but travelers must be content.

　　——试金石，《皆大欢喜》，第二幕，第四场

一沙一世界。从别人眼中认识这个世界更好。从尤利西斯到多萝西，这些文学作品里的人物最后都拥有了得来不易的教训：东好西好，家最好。如果能把任何地方都当做家，这句话就显得更加正确了。

48

老子：

为学日益，为道日损。

损之又损，以至于无为。

……取天下常以无事。

莎士比亚：

一个人长得漂亮是偶然的运气，会写字念书才是天生的本领。

To be well-favored is the gift of fortune,

but to write and read comes by nature.

  ——道格培里，《无事生非》，第三幕，第三场

决心的赤热的光彩，被审慎的思维盖上了一层灰色。

The native huge of resolution

Is sicklied o'er with the pale cast of thought.

  ——哈姆雷特，《哈姆雷特》，第三幕，第一场

要是我做起大人物来，我一定要把身体长得瘦一点儿。

If I do grow great, I'll grow less.

——福斯塔夫，《亨利四世上篇》，第五幕，第四场

"妨碍我学习的唯一障碍就是我的教育。"（阿尔伯特·爱因斯坦）"无知并不可怕；可怕的是太多的聪明和太多的学问。"（柏拉图）

49

老子：

圣人恒无心，以百姓之心为心。

莎士比亚：

这位出家人确实胸襟博大，手笔阔绰，就像哺育我们的大地一样；他的雨露恩泽普及万方。

That churchman bears a bounteous mind indeed,

a hand as fruitful as the land that feeds us

His dews fall everywhere.

——托马斯·洛弗尔爵士，《亨利八世》，第一幕，第三场

老子：

善者善之，不善者亦善之，德善也。

莎士比亚：

太阳不就是用一只眼睛看着整个世界的吗？

The sun with one eye vieweth all the world.

——塔尔博，《亨利六世上篇》，第一幕，第四场

老子：

圣人皆咳（通"孩"，编者）之。

莎士比亚：

世人有一个共同的天性。

One touch of nature makes the whole world kin.

——尤利西斯，《特洛伊罗斯与克瑞西达》，第三幕，第三场

"德"的意思就是美德，道也是通过"德"来实现的。德对于正邪、对错、雌雄都能一视同仁，或将它们看作统一连续体的部分。这种看待世界的方式让人们带着善意观察万物，崇奉心胸宽广，让世人更为亲近彼此。

50

老子：

出生入死。

莎士比亚：

您一肚子装的尽是天堂的玩意儿，您脑子里装着您最美好的品德的清册，这些东西，您方才正在清点吧。

You are full of heavenly stuff, and bear the inventory

Of your best graces in your mind; the which

You were not running o'er.

——亨利，《亨利八世》，第三幕，第二场

宗教认为，如果相信灵魂就是真正的自我，灵魂得到净化的话，死亡便毫无意义。来自物理学中的一句话也有着类似的含义：能量是无法被创造或破坏的；能量只会改变形式。

老子：

以其无死地焉。

莎士比亚：

有德必有勇，正直的人决不胆怯。

Virtue is bold, and goodness never fearful.

——文森修，《一报还一报》，第三幕，第一场

人们必须克服恐惧。"我们以为我们的敌人是仇恨，其实它是恐惧。"（甘地）关于如何战胜恐惧，相信几乎所有人都赞同莎士比亚和老子的观点。"拥抱生活的人，对死亡毫无惧怕。"（阿娜伊斯·宁）"看到芸芸众生，都是主的所属个体；看到至尊主在一切之内，便失去了所有恐惧。"（《伊莎奥义书》）

51

老子：

道生之，德畜之，物形之，器成之。

道之尊，德之贵，夫莫之爵而常自然。

莎士比亚：

那政府就像音乐一样，尽管有高音部、低音部、下低音部之分，各部混合起来，可就成为一片和谐，奏出了一串丰满而生动的旋律。

For government doth keep in one consent,

Congreeing in a full and natural close, like music.

——爱克塞特公爵，《亨利五世》，第一幕，第二场

《道德经》的第五十一章内容显然是在阐述政治观点，至少有一部分是这样的。它敦促统治者切勿将国家视为自己所有，也不要以强权进行统治。《道德经》主张和谐，治国之道，以和为贵。

老子：

是以万物莫不尊道而贵德。

莎士比亚：

应该让一个比您自己更明白您的地位的人管教管教您。

You should be ruled and led

By some discretion that discerns your state

Better than you yourself.

——里根，《李尔王》，第二幕，第四场

要想为自己创造和谐的生活，就得尽力抛却所有自负，允许更好的事物来引领人生道路。

52

老子：

天下有始，以为天下母。

既得其母，以知其子；既知其子，复守其母，没身不殆。

莎士比亚：

是什么树就会结什么果子，我可以断然说一句，那福斯塔夫是有德行的。

The tree may be known by the fruit, as the fruit by the tree,

then peremptorily I speak it, there is virtue.

——福斯塔夫，《亨利四世上篇》，第二幕，第四场

老子：

塞其兑，闭其门，终身不勤；

开其兑，济其事，终身不救。

莎士比亚：

你唠唠叨叨地把这种话塞进我的耳朵里，把我的胃
口都倒尽了。

You cram these words into mine ears against

the stomach of my sense.

　　　　　　——阿隆索，《暴风雨》，第二幕，第一场

老子：

见小曰明，守柔曰强。

用其光，复归其明。

莎士比亚：

看，当普照万物的太阳从东方

抬起了火红的头，下界的眼睛

都对他初升的景象表示敬仰，

用目光来恭候他神圣的驾临。

When the gracious light

Lifts up his burning head, each under eye

Doth homage to his new-appearing sight,

Servin with looks his sacred majesty.

——十四行诗，第7首，1–4行

　　《道德经》第五十二章的部分内容有时会被解读为育儿和教学的方法。首先，有时候了解孩子的父母有助于理解孩子；其次，先教授孩子细节知识比概括性内容更能便于其理解；第三，以明确的思想指导孩子认识事物，更能帮助他们建立清晰的认知。当然，老子书中的"母亲"、"老师"和"孩子"都是隐喻。

53

老子：

大道甚夷，而民好径。

朝甚除，田甚芜，仓甚虚，服文彩，带利剑，厌饮食……非道也哉！

莎士比亚：

我将略作散步，安定安定我焦躁的心境。

A turn or two I'll walk

to still my beating mind.

————普洛斯彼罗，《暴风雨》，第四幕，第一场

炫耀着双重的豪华，在尊贵的爵号之上添加饰美的谀辞……实在是浪费而可笑的多事。

To be possessed with double pomp

To guard a title that was rich before...

Is wasteful and ridiculous excess.

————萨立斯伯雷伯爵，《约翰王》，第四幕，第二场

亮晃晃的黄金放在眼前，天性就会很快地变成悖逆了！

Nature falls into revolt when gold becomes her object.

——亨利王，《亨利四世下篇》，第四幕，第五场

有人发现，探讨道家的有些思想时，很难不去联想到柏拉图的洞穴理论。所有人背对出口，坐在黑黢黢的洞穴里，盯着墙上的影子，误以为这就是真实的事物。实际上，要认识真实，最简单的做法就是转身、起立，迈进真正的世界。这并不难，可大多数人根本不会想到这样去做。

54

老子：

善建者不拔。

莎士比亚：

我觉得，由于灵魂坚强了，我现在似乎也能够忍受比我那些怯懦的敌人所敢于加在我身上的苦难更多更大的苦难。

I am able now, methinks

(Out of a fortitude of soul I feel),

To endure more miseries and greater far

Than my weak-hearted enemies dare offer.

——伍尔习红衣主教，《亨利八世》，第三幕，第二场

老子：

修之身，其德乃真；修之家，其德有余；修之乡，其德乃长；修之邦，其德乃丰；修之天下，其德乃普。

莎士比亚：

一支小小的蜡烛，它的光照耀得多么远！一件善事也正像这支蜡烛一样，在这罪恶的世界上发出广大的光辉。

How far that little candle throws his beams!
So shines a good deed in a naughty world.

——鲍西娅，《威尼斯商人》，第五幕，第一场

想让世界变得更美好，首先要做的就是谨记这些（老子、莎士比亚以及无数人都曾探讨过的）思想，让它们帮你成为一个更好的人，然后你自然就会变成一座灯塔，为世界带来光亮。

55

老子：

含德之厚，比于赤子。

蜂虿虺蛇不螫，攫鸟猛兽不搏。

莎士比亚：

来，可怜的孩子；但愿法力高强的精灵驱使鸢隼乌鸦来乳哺着你！

Come on, poor babe.

Some powerful spirit instruct the kites and ravens

To be thy nurse!

——安提哥纳斯，《冬天的故事》，第二幕，第三场

我相信无罪的纯洁一定可以使伪妄的诬蔑惭愧，暴虐将会对含忍战栗。

Innocence shall make false accusation blush,

and tyranny tremble at patience.

——赫米温妮，《冬天的故事》，第三幕，第二场

我唯一的信赖，是我的坦白的胸怀；问心无愧，就能坚强。

The trust I have is in mine innocence,

And therefore I am bold and resolute.

——赛伊，《亨利六世中篇》，第四幕，第四场

2012年7月，一则新闻报道："四岁的帕里亚达夫从孟买的10层高楼跌落，奇迹般毫发无损"。朗索瓦·特吕弗根据此事改编的电影《零用钱》（1976年）开头部分，一个小宝宝想要伸手去够楼上窗台的猫咪时，从几层楼高的地方掉了下去，结果完全没有受伤，还在想着去找猫咪。有人说："这事儿放在大人身上，人已经死了。"特吕弗更早期的一部电影《野孩子》（1970年）里，在18世纪的法国农村，人们发现了一个小男孩，他显然是自婴儿时期就被人遗弃，独自在丛林中长大，一人奇迹般地长到了11岁。可以说，自然总是在精心保护纯真。

56

老子：

知者不言，言者不知。

莎士比亚：

耳多听，话少说。

Speak less than thou knowest.

————弄人，《李尔王》，第一幕，第四场

不要想到什么就说什么……倾听每一个人的意见，可是只对极少数人发表你的意见。

Give thy thoughts no tongue…

give every man thy ear

but few thy voice.

————波洛涅斯，《哈姆雷特》，第一幕，第三场

话多就办不成事。

Talkers are no good doers.

———凶手，《理查三世》，第一幕，第三场

照这样下去，连口才最好的才子，也只好哑口无言了。到时候就只听见八哥在那儿咭咭呱呱出风头！

I think the best grace of wit will shortly run into silence,
and discourse grow commendable in none but only
parrots.

———罗兰佐，《威尼斯商人》，第三幕，第五场

关于与世人分享学识，存在一个巨大的悖论：任何洞悉宇宙奥妙的人闭口不谈，略知一二的人却在滔滔不绝。如让–雅克·卢梭所说："知之甚少的人侃侃而谈，满腹经纶的人少言寡语。"如此说来，老子、莎士比亚，还有本书的作者，其实都不知道自己在说什么。

57

老子：

以无事取天下。

莎士比亚：

您要是今天晚上自加抑制，下一次就会觉得这一种
自制的功夫并不怎样为难了。

Refrain tonight,

And that shall lend a kind of easiness.

　　　——哈姆雷特，《哈姆雷特》，第三幕，第四场

老子：

法令滋章，盗贼多有。

莎士比亚：

我们不能把法律当作吓鸟用的稻草人，让它安然不
动地矗立在那边。

We must not make a scarecrow of the law

Setting it up to fear the birds of prey.

——安哲鲁，《一报还一报》，第二幕，第一场

老子：

民多利器，国家滋昏。

莎士比亚：

使战争孕育和平。

Make war breed peace.

——艾西巴第斯，《雅典的泰门》，第五幕，第
四场

《道德经》第五十七章向统治者、也向任何希望控制自
我的人提出了又一个忠告。首先，放下自己居于掌管地位的
想法。其次，如果制定规则的初衷在于恐吓人民，这些规则
注定将走向失败。所以，放下规则。最后，放下冲突，尤其
是动用刀枪等武器的严重冲突。寻找自身更好的一面来做生
活的主导，而且应放弃规则或是武器。

58

老子：

其政闷闷，其民淳淳；

其政察察，其民缺缺。

莎士比亚：

鹰隼放任小鸟的歌吟。

The eagle suffers little birds to sing.

——塔摩拉，《泰特斯·安德洛尼克斯》，第四幕，第四场

上述说法常被认为是敦促追求民主，但显然也是主张社会公正。

老子：

祸兮，福之所倚；福兮，祸之所伏。

莎士比亚：

今天是运气的日子，孩子；我们要做些好事才是。

'Tis a lucky day, boy, and we'll do good deeds on't.

　　——牧人，《冬天的故事》，第三幕，第三场

此处老子与莎士比亚的观点似乎是相左的。老子是说对立面会互相吸引吗？莎士比亚的思想则带有迷信色彩，至少在他的作品里是如此表现的，认为好运虽然短暂，但不妨碍它是件好事。

老子：

正复为奇，善复为妖。

莎士比亚：

好已足够。

Good alone is good.

　　——法国国王，《皆大欢喜》，第二幕，第三场

哎，等等——他们的观点原来是一致的。

老子：

是以圣人方而不割，廉而不刿，直而不肆，光而不耀。

莎士比亚：

您是以弗所的大善士，多少人感戴您的再造之恩。

Your honor has pour'd forth your charity,

and hundreds call themselves your creatures.

——绅士乙，《泰尔亲王配力克里斯》，第三幕，第二场

59

老子：

治人事天，莫若啬。

莎士比亚：

让他安安稳稳地睡在担保里吧；因为谁也不能担保他的妻子不偷汉子，头上出了角，自己还不知道哩。

Well, he may sleep in security,

for he hath the horn of abundance.

——福斯塔夫，《亨利四世下篇》，第一幕，第二场

饥饿是最能激起动荡的缘由了。

老子：

夫唯啬，是以早服；早服谓之重积德；重积德则无不克；无不克则莫知其极；莫知其极，可以有国。

莎士比亚：

可是我一点没有君主之德，什么公平、正直、节俭、镇定、慷慨、坚毅、仁慈、谦恭、诚敬、宽容、勇敢、刚强，我全没有。

The king-becoming graces,

As justice, verity, temp'rance, stableness,

Bounty, perseverance, mercy, lowliness

Devotion, patience, courage, fortitude.

——马尔康，《麦克白》，第四幕，第三场

60

老子：

治大国，若烹小鲜。

莎士比亚：

当别人用手段去沽名钓誉的时候，我却用一片忠心
博得一个痴愚的名声；人家用奸诈在他们的铜冠上镀了
一层金，我只有纯朴的真诚，我的王冠是敝旧而没有虚
饰的。

While others fish with craft for great opinion,

I with great truth catch mere simplicity.

Whilst some with cunning gild their copper crowns,

With truth and plainness I do wear mine bare.

——特洛伊罗斯，《特洛伊罗斯与克瑞西达》，第
四幕，第四场

老子：

以道莅天下，其鬼不神。

莎士比亚：

在这共和国中我要实行一切与众不同的设施；我要禁止一切的贸易；没有地方官的设立；没有文学；富有、贫穷和雇佣都要废止；契约、承袭、疆界、区域、耕种、葡萄园都没有；金属、谷物、酒、油都没有用处；废除职业，所有的人都不做事；妇女也是这样，但她们是天真而纯洁；没有君主。

I' th' commonwealth I would, by contraries,

Execute all things; for no kind of traffic

Would I admit; no name of magistrate;

Letters should not be known; riches, poverty,

And use of service none; contract, succession,

Bourn, bound of land, tilth, vineyard, none;

No use of metal, corn, or wine, or oil,

No occupation, all men idle, all;

And women too, but innocent and pure;

No sovereignty.

——贡柴罗，《暴风雨》，第二幕，第一场

托马斯·杰斐逊说："我对历史的研习发现，最糟糕的政府是管得最多的政府；最好的政府刚好相反，它依靠人民的自律来治国。"如果人们能够做到自律，便不需要政府了。

61

老子：

大邦者，下流也，天下之牝也。天下之交也，牝恒以静胜牡。

莎士比亚：

他的威权就归于乌有，正像溪涧中的细流注入大海一样。

His state empties itself as doth an inland brook into the main waters.

　　　　——鲍西娅，《威尼斯商人》，第五幕，第一场

这就更叫大家使出钢铁般的力量来——因为既有着"希望"做伴，哪怕千辛万苦，也要永无休止地为陛下尽忠

So service shall with steeled sinews toil.

And labor shall refresh itself with hope

To do your Grace incessant services.

——斯克鲁普勋爵，《亨利五世》，第二幕，第二场

托马斯·爱德华·劳伦斯曾这样评价贝都因人领袖奥达·艾卜·泰依："他热情好客，慷慨大方，因此哪怕抢劫他百次有余，依然固守贫困。"要评判领袖是否伟大，应该看他甘愿放弃了多少东西。

62

老子：

道者万物之奥。善人之宝，不善人之所保。

……古之所以贵此道者何？不曰：求以得……故为天下贵。

莎士比亚：

财富既然只替人招来了困苦和轻蔑，谁还愿意坐拥巨资呢？

Who would not wish to be from wealth exempt,

Since riches point to misery and contempt?

　　——弗莱维斯，《雅典的泰门》，第四幕，第二场

我感到在我内心里有一种平静，远非人间一切尊荣所能比拟，是一种宁静安详的感觉。

I know myself now, and I feel within me

A peace above all earthly dignities.

　　——伍尔习，《亨利八世》第三幕，第二场

人生的唯一目标就是发现自己是谁，到底是什么样的人，然后尽力去成为那样的自己。这是人生真正重要的事情。人生的其他一切都是荒诞可笑的。

63

老子：

为无为，事无事。

莎士比亚：

休息是滋养疲乏的精神的保姆。

Our foster-nurse of nature is repose.

——医生，《李尔王》，第四幕，第四场

老子：

……味无味。

……抱怨以德。

莎士比亚：

负气使性，虽然为正人君子所不齿。

To be in anger is impiety.

——艾西巴第斯，《雅典的泰门》，第三幕，第

五场

一切意气之争必须停止。

Rage must be withstood.

——理查，《理查二世》，第一幕，第一场

老子：

是以圣人终不为大，故能成其大。

莎士比亚：

我的王冠不戴在头上，是藏在心里……肉眼看不见它；我的王冠就是"听天由命"。

My crown is in my heart, not on my head...

Not to be seen. My crown is called content.

——亨利，《亨利六世下篇》，第三幕，第三场

以德报怨等同于宽恕容忍吗？无为是消极抵抗吗？这些都是很难做到的，除非我们偶尔去休息冥思，并感到心满意足，花时间审视内心。在偶尔这样去做的时候，上述箴言的正确性就显而易见，易于理解了。如果我们能够坚持内心的这种认可该有多好，可惜它经常会从我们的脑海里溜走。

64

老子：

……其微易散。

合抱之木，生于毫末；

九层之台，起于累土；

千里之行，始于足下。

莎士比亚：

事情只要办得好，小心从事，是不会引起我们担心害怕的。

Things done well and with a care exempt themselves from fear.

——亨利王，《亨利八世》，第一幕，第二场

能在小问题发展为大麻烦之前就将其解决，这自然是很好的。如若未能办到，切记事情可以一点一点完成，这就足以令人感到欣慰了。1705年秋天，巴赫决心要去聆听伟大的

风琴师迪特里克·布克斯特胡德的演奏，音乐会在两百英里以外的小镇举行，但巴赫毅然决定步行前往。他每天尽可能多地赶路，晚上就睡在路边、谷仓或者农舍。长途跋涉几个星期后，他终于见到心中偶像，跟对方学习，然后步行返回，从此踏上认真创作音乐的道路。

65

老子：

古之为道者，非以明民，将以愚之。

……玄德深矣远矣，与物反矣，然后乃至大顺。

莎士比亚：

我用自己的力量换饭吃换衣服穿；不跟别人结怨，也不妒羡别人的福气；瞧着人家得意我也高兴，自己倒了霉就自宽自解；我的最大的骄傲就是瞧我的母羊吃草。

I earn that I eat, get that I wear,

owe no man hate, envy no man's happiness,

glad of other men's good, content with my harm,

and the greatest of my pride is to see my ewes graze.

    ——柯林，《皆大欢喜》，第三幕，第二场

美、真、至上的感情，

如此可贵，如此真纯。

Beauty, Truth, and Rarity,

Grace in all simplicity.

——《凤凰和斑鸠》，53–54行

保持简单是福佑，也是幸福。饿了，就吃；困了，就睡；工作，就专心致志。这种简单说来容易，可多数人只有在反复的提醒之下才会认识到它的重要性。

66

老子：

江海所以能为百谷王者，以其善下之，故能为百
谷王。

是以欲上民，必以言下之；欲先民，必以身后之。

莎士比亚：

这位公爵很有学问，口才出众，天资比别人都高；他
的教养，不必求助于他人就足以使他成为一代大师的师父
和表率。

The gentleman is learn'd, and a most rare speaker,
to nature none more bound; his training such
that he may furnish and instruct great teachers.

——亨利王，《亨利八世》，第一幕，第二场

自然必须服从必然。

Nature must obey necessity.

——勃鲁托斯，《裘力斯·凯撒》，第四幕，第三场

造化的馈赠仅是租借，

慷慨地借与自由之人。

Nature's bequest gives nothing, but doth lend,

and being frank she lends to those are free.

——十四行诗，第4首，3-4行

老子：

以其不争，故天下莫能与之争。

卢梭在他的自然主义教育著作《爱弥儿》中说："大自然永远不会欺骗我们。"当把这种观点放在自己身上的时候，他有了更加清晰的认识。"我决心做一件没有先例，亦无效仿者的事业。我想为所有人类同胞树立一个形象，一个在所有方面都忠于自然的人，而此人就是我自己。"

67

老子：

天下皆谓我大，大而不肖。

夫唯不肖，故能大。

莎士比亚：

因为智慧在街道上高呼，谁也不会去理会它的
声音。

*Wisdom cries out in the streets, and no man regards
it.*

　　　　——亲王，《亨利四世上篇》，第一幕，第二场

正直者的胸襟永远是安定的。

Truth hath a quiet breast.

　　　　——托马斯·毛勃雷，《理查二世》，第一幕，第
三场

真正的爱情是不能用言语表达的，行为才是忠心的最

好说明。

Truth hath better deeds than words to grace it.

——普洛丢斯，《维洛那二绅士》，第二幕，第二场

甘地的话给人以希望："他们先是忽视你，然后嘲笑你，攻击你，最后你赢了。"

68

老子：

善为士者不武，善战者不怒。

莎士比亚：

一个军人要是不想恋爱、不曾恋爱或者不是正在恋
爱，他一定是个卑怯的家伙！

May that soldier a recreant [coward] prove

That means not, hath not, or is not in love.

——阿伽门农，《特洛伊罗斯与克瑞西达》，第一
幕，第三场

老子：

善用人者为之下。

莎士比亚：

国王的名字不是可以抵得上两万个名字吗?

Is not the king's name twenty-thousand names?

——理查，《理查二世》，第三幕，第二场

老子：

是谓不争之德。

莎士比亚：

神明的意旨在冥冥中主持着这一次和平。

The fingers of the powers above do tune

The harmony of this peace.

——预言者，《辛白林》，第五幕，第五场

世上的和事佬是最有福的。

Blessed are the peacemakers on earth.

——亨利，《亨利六世中篇》，第二幕，第一场

　　《道德经》第六十八章常被解读为对于和平的警戒，而非和平主义的赞歌。有时你不得不去战斗，如果确实无法避免，那就尽量不要让这种行为出于仇恨。你应该记住，你所斗争的对象在很大程度上其实是你自己。知晓这点可以带来和平，或者至少停止战斗。

69

老子：

用兵有言："吾不敢为主而为客，不敢进寸而退尺。"是谓行无行，攘无臂，执无兵，乃无敌矣。祸莫大于轻敌……故抗兵相若，哀者胜矣。

莎士比亚：

我要用污泥涂在脸上，一块毡布裹住我的腰，把满头的头发打了许多乱结，赤身裸体，抵抗着风雨的侵凌。

My face I'll grime with filth,

Blanket my loins, elf all my hairs in knots,

And with presented nakedness outface

The winds and persecutions of the sky.

——爱德伽，《李尔王》，第二幕，第三场

智虑是勇敢的最大要素。

The better part of valor is discretion.

——福斯塔夫，《亨利四世上篇》，第五幕，第四场

　　《道德经》六十九章通常被认为是给战争提出的直接建议。我首先想到了圣伯尔纳，他认为："树木与石头会教你无法从大师身上学来的道理。"然后，想到美国独立战争中的弗朗西斯·马里恩（沼泽之狐），他借助自然因素的力量，巧妙利用沼泽地，在比自己强大的对手面前屡屡获胜。最后，请看看孙子的建议："微乎微乎，至于无形。神乎神乎，至于无声。故能为敌之司命。"

70

老子：

吾言甚易知，甚易行；天下莫能知，莫能行。

言有宗，事有君。夫唯无知，是以不我知。

莎士比亚：

学问就像是高悬中天的日轮，愚妄的肉眼不能测度它
的高深。

Study is like the heaven's glorious sun,

that will not be deep-searched by saucy looks.

        ——俾隆，《爱的徒劳》，第一幕，第一场

要是一个人写的诗不能叫人懂，他的才情不能叫人理
解，那比之小客栈里开出一张大账单来还要命。

When a man's verses cannot be understood,

nor a man's good wit seconded with the forward child,

understanding, it strikes a man more dead than a

great reckoning.

——试金石，《皆大欢喜》，第三幕，第三场

　　天性……这一种真正的快乐和满足，断不是那班渴慕着不可恃的荣华，或是抱住钱囊、使愚夫欣美的庸妄之徒所能梦想的。

Nature works...which doth give me

A more content in course of true delight

Than to be thirsty after tottering honor,

Or tie my pleasure up in silken bags,

To please the fool.

——萨利蒙，《泰尔亲王配力克里斯》，第三幕，

第二场

　　如果只学习加法，就无法理解全部的数学；如果只是按数字涂画，就无法创作出伟大画作；如果只知道三个和弦，就无法成为吉他大师。不过，几何学的浩瀚、伟大的艺术之美和音乐的微妙性都是很容易掌握的，因为它们都是天生存在于你身上的。任何人都可以做到，只是大部分人不愿付出那么多时间和心血。

71

老子:

知不知，尚矣；不知知，病也。

是以圣人之不病也，以其病病也，是以不病。

莎士比亚:

安哲鲁：也许是你不懂我的话，也许你假装不懂，那可不大好。

Angelo: Either you are ignorant, or seem so, craftily.

伊莎贝拉：我除了有一点自知之明之外，宁愿什么都不懂，事事都不好。

Isabella: Let me be ignorant, but graciously to know I am no better.

——《一报还一报》，第二幕，第四场

要是陛下也不知道您自己所发的誓，那倒是陛下的聪明。

His ignorance were wise,

Where now his knowledge must prove ignorance.

——公主，《爱的徒劳》，第二幕，第一场

"我是世界上最聪明的人。我只知道一件事，那就是我一无所知。"（苏格拉底）有人表示他比你懂得更多，如你想要提出质疑，务必保持谨慎。因为你不可能知晓世间的一切，别人有时确比你更为博学。

72

老子：

是以圣人自知不自见，自爱不自贵。故去彼取此。

莎士比亚：

须知求得的爱虽费心力，不劳而获的更应该珍惜。

Love sought is good, but love unsought is better.

　　　　——奥丽维娅，《第十二夜》，第三幕，第一场

我是谁，我要些什么，是个秘密。

What I am, and what I would, are as secret as

maidenhead.

　　　　——薇奥拉，《第十二夜》，第一幕，第五场

既然没有什么，何必藏起来？

The quality of nothing hath not such need to hide itself.

　　　　——葛罗斯特，《李尔王》，第一幕，第二场

如果你能在万物中看到自己，就能比较容易像爱世界那样爱你自己。这里讲一个男人的故事。他非常深爱妻子，对自己或周围的任何东西都不在意。他四处跟随妻子的脚步，热爱她所碰触的所有物件，比如她抚过的灯柱，还有她在过马路时按下的信号灯按钮。他对妻子的迷恋简直到了痴狂的地步，直到最后终于意识到，如果自己真正爱妻子，就应该爱这世界的一切，包括他自己。

73

老子：

不言而善应。

莎士比亚：

可是空言毕竟无补实际，好听的话儿曾送进心底？

But words are words; I never did hear

That the bruised heart was pierced through the ear.

——勃拉班修，《奥赛罗》，第一幕，第三场

老子：

不召而自来。

莎士比亚：

因为我既没有智慧，又没有口才，又没有本领，我也不会用行动或言语来激动人们的血性；我不过照我心里所想到的说出来。

I have neither wit, nor words, nor worth,

Action, nor utterance, nor the power of speech

To stir men's blood; I only speak right on.

　　　——安东尼，《裘力斯·凯撒》，第三幕，第二场

老子：

坦然而善谋。

莎士比亚：

君主不顾自己的尊严，干下了愚蠢的事情，在朝的端人正士只好直言极谏。保留你的权力，仔细考虑一下你的举措，收回这种鲁莽灭裂的成命。

To plainness honor's bound

When Majesty stoops to folly. Reserve thy state,

And in thy best consideration check this hideous rashness.

　　　　　肯特，《李尔王》第一幕，第一场

　　宇宙间的一切自会展开，不受人的言语或行动所牵，哪怕那言行是出自充满智慧的圣人亦无用。它们会在各自的时间展开。你只需要放下忧虑，任其发生即可。

74

老子：

若民恒且不畏死，奈何以杀惧之也？

莎士比亚：

纯良温雅的意念，都已寂然入定，

淫欲和杀机却醒着，要污辱、屠戮生灵。

Pure thoughts are dead and still

While lust and murder wakes to stain and kill.

————《鲁克丽丝受辱记》，167–168行

杀人是重大的罪恶；可是这一件谋杀的惨案，更是
骇人听闻而逆天害理的罪行。

Murder most foul, as in the best it is,

But this most foul, strange, and unnatural.

————哈姆雷特的鬼魂，《哈姆雷特》，第一幕，第
五场

老子：

夫代司杀者杀，是代大匠斫也……希不伤其手矣。

莎士比亚：

因为我发现当刽子手确实是比当王八更高尚的职业；每逢杀人之前，他总得说一声："请您宽恕。"

Your hangman is a more penitent trade than your bawd:

he doth oft'ner ask forgiveness.

          ——庞贝，《一报还一报》，第四幕，第二场

老子：

若民恒且畏死，则为奇者，吾将得而杀之，夫孰敢矣？

莎士比亚：

我的好大人，叫人们事先一无准备就送了命，该是件丧德的事吧。

'Tis a vile thing to die, my gracious Lord,

When men are unprepar'd and look not for it.

          ——凯茨比，《理查三世》，第三幕，第二场

在至少五千年的时间里，在不同的人类文明中，法律都严禁在任何情况下谋杀他人。我们很难理解人类为何要急不可待地互相残杀。我们是否就对法律条文有异议？为何我们至今仍无法遵循建议，免去相互伤害呢？

75

老子：

民之难治，以其上之有为，是以难治。

莎士比亚：

他是一个幸福的国王，因为他的治国能够从他人民的嘴里博得善良的名称。

He is a happy king, since he gains from his subjects

the name of good by his government.

——配力克里斯，《泰尔亲王配力克里斯》，第二幕，第一场

老子：

为无为，则无不治。

——出自第四章

莎士比亚：

他用崇高的克制功夫，屏绝他自己心中的人欲，也

运用他的权力，整饬社会的风纪。

He doth with holy abstinence subdue

That in himself which he spurs on his power

To qualify in others.

　　——维也纳公爵文森修，《一报还一报》，第四幕，第二场

　　《道德经》第七十五章给出了治理国家的另一政治谏言。老子和莎士比亚的警语似乎都同意这种观点：得到人民的认同是有效管理国家的重要部分。不过，老子进一步阐述道，最好的规则是没有规则，莎士比亚则更多体现了西方的治国思想——实际上是倾向于伊丽莎白时代维持世界秩序的观点——所有相关方能够达成和谐的一致便是最好的。（之后的约翰·德莱顿诗歌《圣塞西莉亚之歌》对这种观点进行了充分的阐述："这个宇宙框架开始于和谐，天堂的和谐：那时下面的自然是一堆极不和谐的原子，不能昂起头来。"）

76

老子：

人之生也柔弱，其死也坚强。

……木强则折。强大处下，柔弱处上。

莎士比亚：

烈风吹倒了多节的橡树。

The splitting wind makes flexible the knees of the knotted oaks.

——涅斯托，《特洛伊罗斯与克瑞西达》，第一幕，第三场

只有愚人才会拒绝智慧的良言。

To wisdom he's a fool that will not yield.

——臣甲，《泰尔亲王配力克里斯》，第二幕，第四场

我只有用默忍迎受他的愤怒，安心等待着他的残暴

的处置。

I do oppose my patience to his fury, and am arm'd

To suffer, with a quietness of spirit,

The very tyranny and rage of his.

　　——安东尼奥，《威尼斯商人》，第四幕，第一场

　　这里特别要讲一下，伸展及体型相关的练习就是诞生于该理念。某些运动，比如瑜伽，似乎具有抗衰的功效。不过，其中原理远远超越了锻炼身体的层面。你越灵活，越不易动怒，越能保持心态平和，也就更能长寿。

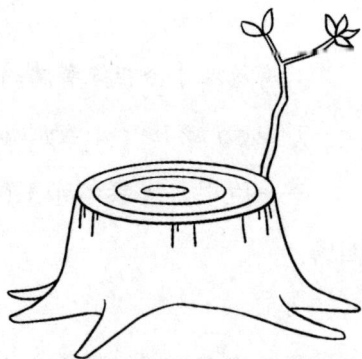

77

老子：

天之道，其犹张弓与？高者抑之，下者举之；有余者损之，不足者补之。

莎士比亚：

我已经极卑躬屈节的能事。

I have sounded the base-string of humility.

　　　　——亨利，《亨利四世上篇》，第二幕，第四场

不如出身清寒，和贫贱人来往，倒落个知足常乐，还更好些。

I swear, 'tis better to be lowly born

And range with humble livers in content.

　　　　——安，《亨利八世》，第二幕，第五场

可是假如它使我的血液中感染着欢乐，或是使我的精神上充满着骄傲，假如我的悖逆虚荣的心灵对它抱着丝

毫爱悦的情绪，愿上帝永远不让它加在我头上，使我像一个最微贱的奴隶一般向着它战栗下跪！

If it did infect my blood with joy

Or swell my thought to any strain of pride,

Let God for ever keep it from my head,

And make me as the poorest vassal is

That doth with awe and terror kneel to it.

——亲王，《亨利四世下篇》，第四幕，第五场

有这样一个故事：牧师和儿子开车行驶在拥堵的高速公路上，另一开着凯迪拉克的人紧跟在他们身后，几乎要撞上他们的保险杠。儿子说："他快撞上我们了。"牧师说："没关系，耐心点儿。"然后，凯迪拉克疯狂加速绕过他们，开到了前方。儿子说："他超车了！"牧师说："没关系，低调点儿。"他们看着凯迪拉克一路超车，像是失控了一样，直到消失不见。五分钟后，他们发现凯迪拉克停在高速路边，愤怒的巡警正在给他开具罚单。牧师对儿子说："看看，俗话说得好，'若有人愿意做首先的，他必做众人末后的；若有人处处显力气的，他必被人击倒'"。

78

老子：

天下莫柔弱于水，而攻坚强者莫之能胜。

……弱之胜强，柔之胜刚……正言若反。

莎士比亚：

让他做火，我愿意做柔顺的水。

Be he the fire, I'll be the yielding water.

　　——波林勃洛克，《理查二世》，第三幕，第三场

我们应该依靠上帝支持，依靠上帝为我们设下的天险——我们周围的海洋。

Let us be backed with God, and with the seas,

Which hath he hath giv'n for fence impregnable.

　　——海司丁斯勋爵，《亨利六世下篇》，第四幕，第一场

我何尝是铁石心肠，虽然违拗我的心性，我岂能辜

负盛情，顽固到底。

I am not made of stone,

But penetrable to your kind entreaties.

——葛罗斯特，《理查三世》，第三幕，第七场

《道德经》中有许多关于或者使用了悖论的章节。某事是正确的，但它的反面亦是如此。示弱能赢，无为而治，空者为满。悖论的好处在于它打破了线性思维。这个过程也许痛苦，也许滑稽，正如汤因比所说："我们从历史中学到的教训就是：我们从历史中什么也没有学到。"这跟博尔赫斯所说的"阿莱夫"（空间中一个包罗万象的点）同样美丽但又难以理解。在这里使用悖论似乎可以让人脱离可预测的模式化结果，突然看到新的点。

79

老子：

和大怨，必有余怨……是以圣人执左契，而不以责于人。

故有德司契，无德司彻。

莎士比亚：

把斗殴当作勇敢，可惜这种勇敢却是误用了的。

Quarreling is valor misbegot,

and came into the world when

sects and factions were newly born.

——元老甲，《雅典的泰门》，第三幕，第五场

老子：

夫天道无亲，常与善人。

莎士比亚：

你的脑袋里装满了惹是招非的念头，正像鸡蛋里装

满了蛋黄蛋白，虽然为了惹事招非的缘故，你的脑袋曾经给人打得像个坏蛋一样。

Thy head is as full of quarrels

as an egg is as full of meat,

and yet thy head hath been beaten

as addle as an egg for quarreling.

——茂丘西奥，《罗密欧与朱丽叶》，第三幕，第一场

伟大的天神们假如是公平正直的，他们一定会帮助理直辞正的人。

If the great gods be just, they shall assist

The deeds of justest men.

——庞贝，《安东尼与克莉奥佩特拉》，第二幕，第一场

又一悖论：不要偏袒任何一方，但永远都站在正确的一方。较不相悖的论点：不要无休止地争论，否则无法达成任何结果。

80

老子：

小国寡民。

莎士比亚：

据说这岛上一共只有五个人，我们已经是三个；要是其余的两个人跟我们一样聪明，我们的江山就不稳了。

They say there's but five upon this isle:
we are three of them, if th' other two
be brain'd like us, the state totters.

——特林鸠罗，《暴风雨》，第三幕，第二场

老子：

安其居，乐其俗。

莎士比亚：

灵魂里没有音乐，或是听了甜蜜和谐的乐声而不会感动的人，都是擅于为非作恶、使奸弄诈的。这种人是不

可信任的。

The man that hath no music in himself,

Is fit for treasons, stratagems, and spoils,

Let no such man be trusted.

　　　　——罗兰佐，《威尼斯商人》，第五幕，第一场

老子：

使有什佰（通"十百"，编者）人之器而不用……使民复结绳而用之。

莎士比亚：

老爷，他替我爸爸砌了一堵烟囱，至今那砖头还在，可以作为证据，你们是驳他不倒的。

Sir, he made a chimney in my father's house,

and the bricks are alive at this day to testify it;

therefore deny it not.

　　　　——织工史密斯，《亨利六世中篇》，第四幕，第二场

　　天堂很小，处处和谐，因为它建于过去之上。就是这么简单。

81

老子：

信言不美，美言不信。

莎士比亚：

善于在字面上翻弄花样的，很容易流于轻薄。

They that dally nicely with words may quickly make them wanton.

———薇奥拉，《第十二夜》，第三幕，第一场

毛子：他们刚从一场文字的盛宴上，偷了些吃剩的肉皮鱼骨回来。

Moth: They have been at a great feast of words, and stol'n the scraps.

考斯塔德：啊！他们一向是靠着咬文嚼字过活的。

Custard: O, they have liv'd long on the alms basket of words.

———《爱的徒劳》，第五幕，第一场

老子：

知者不博，博者不知。

莎士比亚：

此乃小技，何足道哉？

This is a gift that I have, simple, simple.

——霍罗福尼斯，《爱的徒劳》，第四幕，第二场

我除了有一点自知之明之外，宁愿什么都不懂，事事都不好。

Let me be ignorant, and in nothing good,

But graciously to know I am no better.

——依莎贝拉，《一报还一报》，第二幕，第四场

与其做愚蠢的智人，不如做聪明的愚人。

Better a witty fool than a foolish wit.

——小丑，《第十二夜》，第一幕，第五场

什么都不是。

Nothing that is so is so.

——小丑，《第十二夜》，第四幕，第一场

《道德经》的最后似乎是在重申，语言并不善于表达思想，将想法付诸文字的人根本不知自己要说什么。所以，为什么我还要写这样一本书呢？有位老师在给学生讲解各种云的形成，学生们并未仔细聆听，于是她带着学生走出教室，向他们展示真正的云朵。每讲到一个新的云，她都会在空中找到相应的实物，指给学生看，边抬头仰望边跟学生讲解。过了一会儿，她发现同学们都在盯着她手指的方向看。这本书便是这样一个指引方向的手指。或许，到此你该放下书，然后，仰望天际。

结　语

莎士比亚：

好戏不必有收场白。

A good play needs no epilogue.

——收场白，《皆大欢喜》

老子：

果而勿矜。